新农村建设丛书

农产品经纪人

于先国　主编

吉林出版集团股份有限公司
吉林科学技术出版社

图书在版编目（CIP）数据

农产品经纪人 / 于先国主编.—长春：吉林出版集团股份有限公司，2009.6（2025.1重印）
（新农村建设丛书）
ISBN 978-7-80762-635-0

Ⅰ.①农... Ⅱ.①于... Ⅲ.①农产品 - 经纪人 - 基本知识 Ⅳ.①F323.7

中国版本图书馆CIP数据核字（2009）第094209号

农产品经纪人
NONGCHANPIN JINGJIREN

主　　编	于先国
责任编辑	黄　群　林　琳
开　　本	850mm×1168mm　1/32
字　　数	152千
印　　张	5.875
版　　次	2009年6月第1版
印　　次	2025年1月第23次印刷
印　　刷	三河市元兴印务有限公司

出　　版	吉林出版集团股份有限公司
	吉林科学技术出版社
发　　行	吉林出版集团股份有限公司
社　　址	吉林省长春市福祉大路5788号
邮　　编	130000
电　　话	0431-81629968
电子邮箱	11915286@qq.com
书　　号	ISBN 978-7-80762-635-0
定　　价	33.00元

版权所有　翻印必究

出版说明

《新农村建设丛书》是一套针对"农家书屋""阳光工程""春风工程"专门编写的丛书,是吉林出版集团组织多家科研院所及千余位农业专家和涉农学科学者倾力打造的精品工程。

丛书内容编写突出科学性、实用性和通俗性,开本、装帧、定价强调适合农村特点,做到让农民买得起,看得懂,用得上。希望本书能够成为一套社会主义新农村建设的指导用书,成为一套指导农民增产增收、提高自身文化素质、更新观念的学习资料,成为农民的良师益友。

目 录

第一章　农产品经纪人概论 …………………………… 1
　第一节　经纪人概论 ……………………………………… 1
　第二节　农产品经纪人 …………………………………… 4
　第三节　职业道德基本知识 …………………………… 10
　第四节　职业守则 ……………………………………… 11
第二章　农产品商品基础知识 ……………………… 15
　第一节　农产品的概念及分类 ………………………… 15
　第二节　农产品质量标准 ……………………………… 23
　第三节　农产品的质量检验及等级评定方法 ………… 28
第三章　农产品市场营销基础 ……………………… 39
　第一节　农产品的经营特点及业务管理 ……………… 39
　第二节　核算与结算 …………………………………… 43
　第三节　商务谈判与签约 ……………………………… 49
第四章　农产品营销策略 …………………………… 57
　第一节　农产品营销的产品策略 ……………………… 57
　第二节　农产品营销的价格策略 ……………………… 68
　第三节　农产品营销的渠道策略 ……………………… 74
　第四节　农产品营销的促销策略 ……………………… 81
第五章　安全农产品知识 …………………………… 89
　第一节　安全农产品的概念 …………………………… 89
　第二节　安全农产品标志管理 ………………………… 90
　第三节　安全农产品认证管理 ………………………… 94

· 1 ·

第四节　安全农产品的产地条件与生产管理 …………… 95
第六章　市场信息采集与预测 ……………………………… 101
　　第一节　市场信息概述 …………………………………… 101
　　第二节　市场信息采集的方法和技术 …………………… 105
　　第三节　市场预测 ………………………………………… 112
第七章　农产品品质鉴别 …………………………………… 121
　　第一节　粮食品级鉴别 …………………………………… 121
　　第二节　蔬菜及果品品级鉴别 …………………………… 138
　　第三节　畜禽产品品级鉴别 ……………………………… 144
第八章　农产品包装、储存和运输 ………………………… 155
　　第一节　农产品包装 ……………………………………… 155
　　第二节　农产品储存 ……………………………………… 157
　　第三节　农产品运输 ……………………………………… 166

第一章 农产品经纪人概论

第一节 经纪人概论

一、概念和性质

(一) 概念

经纪人是指在经济活动中,以收取佣金为目的,为促成他人交易而从事居间、行纪或者代理等经纪业务的公民、法人和其他经济组织。一般来讲,经纪人指为促成他人商品交易,在委托方和合同他方订立合同时充当订约居间人,为委托方提供订立合同的信息、机会、条件,或者在隐名交易中代表委托方与合同方签订合同的经纪行为而获取佣金的依法设立的经纪组织和个人。

应从以下几个方面来理解经纪人的含义:

1. 经纪人在经济活动中是以收取佣金为目的的,不是获取具体的商品,也不是为了获得商品的利润。

2. 经纪人服务活动的对象是买卖双方,且以促成他人的交易为核心,而不是自己以自己的名义亲自参加交易。

3. 经纪活动的形式主要有居间、行纪、代理等。

4. 经纪活动主体主要包括公民、法人和其他经济组织。

(二) 性质

经纪人的活动具有经营的性质。但其经营的内容不是具体的、有形的商品,而是以自身优势为交易双方提供有利于达成交易的各种服务。也就是说,经纪人通过提供服务、信息等软体媒介来联结买卖双方,是买卖双方成交的服务者,其一切活动都是为买卖双方服务的,当买卖双方一次交易结束后,经纪人为该笔交易而提供的中介服务就算结束。

二、权利和义务

（一）权利

1. 依法经营权　对于国家允许进入市场流通的商品和服务，经纪人都可以进行经纪活动；而国家限制自由买卖的商品和服务，经纪人应在规定的范围内进行经纪活动。经纪人依法进行的经纪活动受法律保护。

2. 依法签订合同的权利　经纪人在进行经纪活动时，有权要求与委托方签订经纪合同，而且依法享有经纪合同中双方约定的其他一些权利。

3. 获取报酬的权利　根据等价有偿的原则，经纪人完成中介任务，使委托人找到交易的对方或者经过经纪人的居间撮合达成买卖后，经纪人有权为自己的劳动依据法律或合同约定得到一定的合理报酬，即获取佣金。

4. 请求支付成本费的权利　经纪人在完成委托任务之后，有权要求委托方支付中介活动中所发生的费用，包括咨询费、差旅费、电话费、保管费、商品检验费、租借场地费、办公费等，委托人支付的费用以经纪成本为限。

（二）义务

1. 如实介绍产品及相关情况　经纪人在进行经纪活动时，就产品及相关的事宜必须实事求是地将其所知报告给当事人，忠实地履行合同中所规定的各项义务，保护委托人的利益。

2. 保管样品　经纪人在进行经纪活动时，如果经其介绍达成的交易需领取并保管样品时，应妥善保管好样品，直到交易终止。

3. 记录经纪业务成交情况　经纪人在进行经纪业务时要记录经纪业务成交情况。完成经纪业务以后，要进行整理、汇总、分类。经纪业务成交情况主要包括以下方面的内容：

（1）确立经纪关系的时间　记录什么时候接受客户的委托，

签订经纪合同。

（2）确定经纪关系的合同。

（3）寻找（即委托方的相对人）的情况　记录何时何地促成交易。

（4）交易物品或服务项目情况　记录成交价格、品质（或标准）和数量（或范围）等。

（5）佣金情况　记录佣金数量、支付方式和支付时间。

（6）纳税情况。

经纪人要妥善保存经纪业务成交记录和经纪合同文本，以便备查。

4. 保守机密　在经纪活动中，经纪人要保守商业机密及其他秘密。除此之外，无论是委托人还是另一方当事人，如果吩咐将其商号、姓名等相关事项保密的话，经纪人都必须遵守，不得将之告诉对方。

5. 依法纳税并接受行政监督　在从事经纪活动过程中，经纪人要自觉接受工商行政管理部门、审计部门、商检部门、财税部门和银行部门等专职机构的行政监督，并承担依法缴纳有关税费的义务。

6. 在法律规定的范围进行经纪活动　经纪人必须在法律允许的范围内进行中介服务。根据我国现行的法律和政策规定，下列商品及领域经纪人不能参与中介。

（1）国家规定控制物资和产品。

（2）走私商品。

（3）国家规定的违禁品（如文物、珍稀动物、金银、外币、毒品、濒危物种及产品等）和限制出口的原材料及制成品。

（4）联合国禁止进出口的产品。

（5）假、冒、伪、劣商品。

（6）国家机密信息与资料、资源。

另外，对有违社会公德和少数民族宗教习惯的商品，经纪人不能参与其中介活动，否则也要自行承担有关法律责任。

第二节 农产品经纪人

一、概念和作用

（一）概念

农产品经纪人是指从事农产品收购、储运、销售以及销售代理、信息传递、服务等中介活动而获取佣金或利润的经纪组织和个人。

（二）作用

1. 加快农产品商品化的速度，促进农村的资源优势快速转化为商品优势　改革开放后，农村经济得到极大的发展，一大批具有专业性质的农产品基地逐渐形成。把农产品推向市场，加快农产品转化为商品的速度，需要有良好的流通渠道。农产品经纪人在这个方面可起到很好的沟通和中介作用。农产品经纪人可以把本地的农产品资源介绍给市场，把市场需求和本地生产紧密连接起来，在本地形成强大的商品优势，使资源优势能快速转化为市场优势。

2. 调整农业产业的结构，加快农业产业化经营　农产品经纪人的经纪活动可以促进农业产业结构合理化。一方面，作为生产和消费的纽带，一边连着农民的生产，一边连着市场上的需求，农产品经纪人可以发挥桥梁作用，使农民的生产经营与市场需求相适应，让二者有机地结合起来，使农业的产业结构顺应市场发展趋势而逐渐地趋于合理。另一方面，农产品经纪人是促成农民与他人交易的关键联结点。农产品经纪人掌握着农产品的供求状况，担负着农产品市场变化的信息传递任务，对农业生产起着一定的引导作用，而且可以把零散的农产品集中起来进行交易，从而加快农业产业化的经营。

3. 更新农民生产经营观念，加强农民的市场意识　农产品经纪人依赖市场生存，必须在具体经纪活动的过程中，了解经营，学会管理，掌握市场的变化形势。同时，还必须要随时调整经营理念。无论是农产品的生产、包装，还是储运、销售等方面，农产品经纪人需要了解最新的符合时代要求的做法。因此，农产品经纪人应有较强的市场经济意识，一定的组织能力。以经纪人的行为和观念作为先导，把新的信息，好的观念带到农村，传给农民，培养和加强农民的市场意识，使农产品更快、更好地走向市场。

二、应具备的知识结构

（一）基本知识

1. 基础知识　经纪人从事农产品经纪活动起码应具备初中以上的文化程度，对相关的基本知识或常识能理解，会运用；同时还应会运用现代化的通讯工具，并以此作为一种手段去捕捉信息、传递信息，为供需双方起到沟通的作用。文化基础程度越高，对业务变化的适应能力越强，成为优秀经纪人的可能性就越大。

2. 农产品及其他相关专业知识　农产品经纪人要与农产品打交道，要在市场中求发展，要和交易双方进行沟通，还时常和其他的经纪人往来，这些方面的活动要求经纪人必须具备多方面的专业知识。这些知识主要涉及如下几个方面的内容：

（1）农产品商品的基础知识　农产品涉及的范围非常广泛，而且随着市场经济的发展，农产品细分化的趋势愈加明显。作为农产品的经纪人来讲，应根据自己的实际情况有针对性地掌握自己所经纪的农产品的分布范围、品种类别、等级鉴定、市场价格和总体数量等相关内容，做到心中有数。同时，也应多了解经纪范围之外的农产品情况，抓住机会，拓宽经纪领域。

（2）与农产品相关的基本技能　从一定的意义上来说，农产品的经纪人应该是某一项农产品领域的专业人士，不仅要熟知农产品的基本含义，还要掌握一定的操作技能。比如分辨某项农产品的优劣,鉴定其等级,掌握其具体的质量要求指标。再如,农产品大多都有个保存期限问题,怎样去包装、储藏、运输才可以使农产品保持原样,也是个很关键的问题。经纪人应掌握这些问题的处理方式,使自己的经纪工作顺利进行。

(3) 财务会计知识 农产品经纪人在具体的经纪活动中,不仅要核定自己的经营成本、利润等问题,而且还要给交易双方做些涉及农产品成本、利润等方面的咨询服务,掌握财务会计知识是必要的。而且,作为经纪人来说,学好会计知识,有助于自己理财能力的提高。

(4) 经营管理知识 经纪人虽然提供的是中介服务,但整个经纪活动中蕴涵着丰富的经营管理思想。经纪活动不是简单地联系农产品供需双方,而是一系列的经营活动。在这个经营活动中,需要经纪人了解市场需求,掌握农产品的采购、销售的若干方法;能根据实际情况对农产品发展趋势做出合理的判断与预测;对农产品成本做出正确的核算。从经纪人本身的发展着眼,如何运作整个经纪队伍,同样需要经营管理知识的帮助。

(5) 经济地理知识 农产品地域性很强,而且我国幅员辽阔,农产品种类丰富多样。作为农产品的经纪人,应该多掌握农产品的分布概况、具体产地、交通状况等基本地理知识。必要的时候,还要对国外相关的农产品分布情况加以了解和熟悉,以扩大经纪空间。

(6) 相关法律知识 在社会主义市场经济体制下,需要用法律、法规来规范、约束市场主体的经济活动。农产品经纪人同样要依法进行活动。精通政策和法律、法规,使自己的中介活动合理、合法,不仅能很好地完成委托人交给的任务,而且也可以运用法律武器维护自己的合法权益。

(7) 信息技术应用知识 在信息社会,掌握信息是非常重要的,能熟练地运用获取信息的工具也很重要。农产品经纪人通常在乡村居住,信息传递时常有一定的困难。所以,经纪人必须要不断学习掌握现代信息技术知识的手段，使自己在最有利的时间内掌握最新的信息，这样，才可能走在市场的前面。

另外，作为农产品经纪人，还应根据本行业经纪项目的特点，了解相关的安全卫生知识；使自己经纪的农产品符合食用和使用的标准，能正确地运用相关的工具，防止意外事故的发生。

（二）其他辅助知识

1. 公关知识　农产品经纪人要和各方面、不同层次、不同地域的客户联系，因此，只有掌握了必要的公关知识，才可能同各种人员建立密切联系，更多地去了解人们的需求，使经纪活动的质量更高、更好。很好地运用公关知识是成功必备的手段。

2. 谈判知识　在市场经济活动中，谈判是不可缺少的一项内容。经纪人也需要用谈判的手段来解决诸多的问题和争端。通晓谈判程序、掌握高超的谈判技巧对于一个农产品经纪人来讲，是至关重要的。

3. 信息知识　农产品有时间上的限制、地域上的差别、价格上的多变，及时、准确地了解各方面的信息尤为重要。农产品经纪人可以通过接触各种媒体、查阅文献资料、调查了解实际情况和咨询相关部门等方式来获取信息。

此外，农产品经纪人还要多加强对语言的学习，熟知各地的方言、忌语和风俗习惯等。必要的时候，应学会外语，发展更为广阔的经纪地域。

三、能力和素质

（一）应具备的能力

在经纪活动中，良好的事物观察、信息筛选能力、一定的社交和应变能力，都是农产品经纪人顺利工作的根本保障。

1. 良好的观察能力　经纪人既要观察市场的变化，也要了解具体农产品的外观和性状等指标。经纪人应该时刻培养这种能力，做到眼睛勤看，头脑多想，心中善记；客观、及时、准确、全面、周密地去观察。

2. 获取和鉴别信息的能力

（1）善于捕捉信息　农产品经纪人以自己经纪的业务为核心，围绕着相关的项目主动、及时地去捕捉信息，为经纪活动提供有预见性的、指导性的参考信息。

（2）提高鉴别水平　获取一定的信息资料后，应学会运用科学的方法，把原始的信息通过归纳、分析、对比和综合等手段，去粗取精，去伪存真，提炼出有价值的信息。

3. 良好的社交公关能力　农产品经纪人是买卖双方的纽带，连接着城乡之间，活动的范围比较广泛，良好的社交能力可以充当经纪活动的润滑剂，调整经纪人与他人之间的各种关系；一定的公关手段，可以让经纪人迅速打开经纪局面。培养良好的社交公关能力可以从以下几个方面入手：

（1）真诚待人，利义并重　真诚待人，是做人的基本原则。在此基础上，注重利与义的结合。作为经纪人而言，单纯突出某一个方面，都是不恰当的。

（2）随机应变，灵活把握　市场是变化的，社会是进步的。农产品经纪人面对变化的局面，必须灵活把握，注意策略，具体问题具体分析。

（3）知晓公关知识，掌握社交技巧　经纪人应适当运用新闻宣传、广告宣传和实物宣传等公关手段；注重礼节，注意个人的仪容仪表；举止得当，语言规范。在与人交往的过程中，做到以理服人、以情动人，形成一个畅通的社交渠道。

（二）应具备的基本素质

1. 政治思想素质　在社会主义市场经济体制下，农产品经纪人是为农村经济的发展、为提高农民的收入服务的。作为经纪人来讲，必须有着比较高的政治思想觉悟，正确领会和贯彻党和国家的各项方针政策，有强烈的时代感和责任心，使自己成为一个有理想、有道德、有文化、有纪律的新型农产品经纪人。讲求职业道德，使经纪活动建立在良性发展的轨道之上。

2. 心理素质 良好的心理素质,是经纪人取得成功必备的条件之一。一般而言,农产品经纪人的心理素质包括以下几个方面:

(1) 良好的性格,稳定的情绪 良好的性格有助于人际间的沟通,稳重的性格有利于增加客户的信任。积极向上而又饱满的情绪会激发人们的工作热情,推动经纪事业的开展。这就要求农产品经纪人在开展业务活动的过程中,面对复杂多变的情况,克服自己性格中不利的因素,善于控制自己的情绪。做到冷静而礼貌、耐心而果断,避免喜形于色、怒而变色,要经常保持较为平和的心态。

(2) 坚强的意志,坚定的信心 持之以恒、百折不挠的意志品质,遇败不馁、树立必胜的信心,才可以使农产品经纪人在变化无穷的市场竞争中求得生存,发展壮大。

3. 身体素质 农产品经纪人的经纪领域有很强的地域性,经常要走村串户,往返于城乡之间,甚至翻山越岭、跋山涉水,消耗大量的体力和精力。健康的体魄和旺盛的精力是农产品经纪人必须具备的身体素质。

四、经纪方式

(一) 代购代销

农产品经纪人可以接受外地客户的委托,在本地或交通便利的地方设点收购委托人所需的农产品,再批发给客户;或者可以为外地客户提供相关的农产品信息、组织货源,协助客户与农民商谈价格,从中收取中介服务费。

(二) 委托购销

对于本地农民生产的农产品,经纪人可以接受农民的委托在目标市场或其他地方设立销售点,然后与该地经纪人共同协作。具体做法是:由当地经纪人负责提供市场行情和销售渠道,由本方农产品经纪人负责组织货源和运输。双方经纪人联手经纪,把农产品推向市场。

(三) 分购联销

分购联销是由多个农产品经纪人在农村设立不同的收购点，然后统一组织外销的一种经纪形式。在农户分布比较分散或外销的农产品数量比较大的情况下，需要多个农产品经纪人共同合作，使农产品相对集中，便于外销。

第三节 职业道德基本知识

一、内涵

职业道德是指从事一定职业劳动的人们，在特定的工作和劳动中以其内心信念和特殊社会手段来维系的，以善恶进行评价的内心意识、行为原则和行为规范的总和，它是人们在从事职业的过程中形成的一种内在的、非强制性的约束机制。

二、特点

(一) 行业性

职业道德与人们的职业紧密相关，一定的职业道德规则只适用于特定的职业活动领域，带有各自不同的个性特征，鲜明地体现着社会对某种具体的职业活动的特殊要求。

(二) 内容上有连续性和稳定性

由于职业分工有其相对的稳定性，与之相适应的职业道德也就有较强的稳定性和连续性。

(三) 实用性

职业道德是根据职业活动的具体要求，对人们在职业活动中的行为用条例、章程、守则、制度和公约等形式作出规定，这些规定具有很强的针对性和可操作性。

(四) 多样性

职业道德形式，因行业而异。一般说来，有多少种不同的行业，就有多少种不同的职业道德。

（五）时代性

职业道德在一定程度上贯穿和体现着当时社会道德的普遍要求，具有时代性。随着时代的变化，职业道德也在发展。

第四节　职业守则

职业守则是从业人员必须遵守的行业规范和职责的总称。作为农产品经纪人，应遵从以下职业守则：

一、爱岗敬业，诚实守信

（一）爱岗敬业

爱岗敬业是从业人员做好本职工作所应具备的基本的思想品格，是产生乐业的思想动力。

爱岗就是热爱本职工作，敬业是要用一种恭敬严肃的态度对待自己的工作。农产品经纪人应该立足经纪事业，全心投入，高度负责，不断提高对农产品知识和技能的水平，更好地为农村经济的发展服务。

（二）诚实守信

诚实守信是为人之本、从业之要。诚信是市场经济的基本规则，是我们为人处世的根本要求。

一个人在职业活动中，诚信是至关重要的从业品质。作为农产品经纪人，对交易双方应知的情况不能有所隐瞒；不能提供虚假的信息、以次充好。尊重委托人的利益，维护自身的信用。

二、遵纪守法，办事公道

（一）遵纪守法

遵纪守法是农产品经纪人正常进行经纪活动的重要保证。

经纪人必须遵守职业纪律和相关的法律、法规和政策，遵守职业道德。要学习相关的知识，提高对法律、政策的领会能力，并运用法律武器和政策精神维护自身的利益。

（二）办事公道

办事公道是指人们在处理问题时，站在公正的立场，公正合理、不偏不倚。

这是经纪人开展活动的根本要求。经纪人的活动，一手托着两家甚至是多家，必须公平、公正，不能偏袒其中任何一方。在公平的前提下，还要顾及国家的利益。

三、精通业务，讲求效益

（一）精通业务

精通业务是农产品经纪人必须具备的条件。经纪人应根据所从事的业务内容，不断学习，努力钻研，全面掌握相关农产品的属性特点、鉴别方法、最新的发展状况等；能自如运用和经纪活动相联系的知识。不仅应做好农产品的经纪工作，还应成为农产品的专业人士。这样，才能更好地进行经纪活动。

（二）讲求效益

讲求效益是指要依据一定的条件，以最小的投入获取较大的收益。

这是经纪人进行工作的内在动力，也是维持经纪活动继续的一个保证。这就要求农产品经纪人在活动的过程中，厉行节俭，搞好核算，使效益最大化。

四、服务群众，奉献社会

（一）服务群众

服务群众是农产品经纪人进行经纪活动的宗旨。

农产品经纪人大多来自人民群众，其活动直接促进了农产品的流通。只有本着为群众服务的宗旨，才能更好地从事农产品的经纪活动。

（二）奉献社会

奉献社会是农产品经纪人高尚品格的体现。

建立社会主义市场经济体制，需要每个社会成员的共同努力。农产品经纪人在经纪活动中，应站在一定的高度，在坚持效益的前提下，乐于奉献，为农村经济的发展出力，为社会主义的建设添砖加瓦。

五、规范操作，保障安全

规范操作是对农产品经纪人在经纪活动过程中的具体要求。农产品的经纪活动经常涉及农产品的加工、储备、运输等业务，在操作过程中，应熟悉食品生产的要求、交通工具和机械设备的正确使用，注意防火、防盗，学习一些自救知识等。这样，才可能使自身和他人及整个经纪活动的安全得到保障。

练习题

1. 什么是农产品经纪人？
2. 经纪人在经纪活动中有什么权利？应尽哪些义务？
3. 在社会主义市场经济中，农产品经纪人发挥怎样的作用？
4. 农产品经纪人应掌握哪些知识？
5. 农产品经纪人应具备哪些素质？
6. 农产品经纪人可以用哪些方式进行经纪活动？
7. 如何理解职业道德？
8. 农产品经纪人职业守则的内容有哪些？

第二章　农产品商品基础知识

第一节　农产品的概念及分类

一、概念

（一）农产品

农产品是指种植业、养殖业、林业、牧业、水产业生产的各种植物、动物的初级产品及初级加工品。具体包括种植、饲养、采集、编织、加工以及捕捞、狩猎等业的产品。农产品种类复杂、品种繁多，主要有粮食、油料、木材、肉、蛋、奶、棉、麻、烟、茧、茶、糖、畜产品、水产品、蔬菜、花卉、果品、干菜、干果、食用菌、中药材、土特产品以及野生动植物原料等。

（二）其他相关概念

1. 初级农产品　是指种植业、畜牧业、渔业产品，不包括经过加工过的这类产品，包括谷物、油料、农业原料、畜禽及产品、林产品、水产品、蔬菜、瓜果和花卉等产品。

2. 初级加工农产品　是指必须经过某些加工环节才能食用、使用或储存的加工品，如消毒奶、分割肉、冷冻肉、食用油和饲料等。

3. 名优农产品　是指由生产者志愿申请，经有关地方部门初审，经权威机构根据相关规定程序，认定生产的生产规模大、经济效益显著、质量好、市场占有率高，已成为当地农村经济主导产业，有品牌、有明确标志的农产品。

二、分类

按传统和习惯一般把农产品分为粮油、果蔬及花卉、林产品、畜禽产品、水产品和其他农副产品 6 大类。

（一）粮油

粮油是对谷类、豆类、油料及其初加工品的统称。

按粮油植物学科属或主要性状、用途可将粮油分为原粮（禾谷类、豆类、薯类）、成品粮（如米、面）、油料（草本油料、木本油料及非食用油料、食用油料）、油脂（食用油脂、非食用油脂）、粮油加工副产品、粮食制品和综合利用产品等 7 大类。又可分为主粮和杂粮、粗粮和细粮、夏粮和秋粮、贸易粮、混合粮等。

（二）果蔬及花卉

1. 蔬菜和果品

（1）蔬菜按食用器官可分为根菜类、茎菜类、叶菜类、果菜类、花菜类、食用菌类 6 类。

（2）蔬菜按农业生物学可分为根茎类、白菜类、芥菜类、甘蓝类、绿叶菜类、葱蒜类、茄果类、瓜类、豆类、水生菜类、多年生菜类和食用菌类等 12 类。

（3）果品按果实构造可将果品分为核果类、仁果类、浆果类、坚果类、柑橘类、复果类、瓜类 7 类。除了核果类、仁果类、柑橘类和复果类等 4 类的分类标志比较清楚外，其他 3 类都是一个笼统的综合名称，仅就果品的某一特征进行分类，从果实的构造方面来看，不宜严格划分。

（4）果品按商业经营习惯将果品可分为鲜果、干果、瓜类以及它们的制品 4 大类。为了经营方便又把鲜果分为伏果和秋果，还分为南果和北果。

2. 花卉　广义上的花卉是指凡是花、叶、果的形态和色彩、芳香能引起人们美感的植物都包括在花卉之内，统称为观赏植物。但花卉一词人们已形成习惯，可一并使用。

（1）根据花卉的形态特征和生长习性可分为草本花卉、木本花卉、多肉类植物、水生类花卉和草坪类植物 5 类。

(2) 根据花卉的观赏器官可分为观叶类、观果类、观茎类、观芽类4类。

(3) 根据花卉的经济用途可分为观赏用花卉、香料用花卉、熏茶用花卉、医药用花卉、环境保护用花卉、具有吸收有害气体和净化环境的花卉、食品用花卉7类。

(三) 林产品

林产品是指把开发森林资源变为经济形态的所有产品。近代林产品主要是木材及其副产品。可分为两大类，一类是木材及各种木材加工制品，另一类是经济林及森林副产品。现代林产品是指把森林资源变为经济形态的所有产品，在不同的时空条件下，不是固定不变的。

木材是林业的基本产品。

经济林产品主要有3种。

1. 油料核　桃油、茶油、橄榄油、文冠果油等木本食用油及桐油、乌桕油等工业用油。

2. 木本粮食　栗、柿子、枣、银杏及多种栎类树种的种子。

3. 特用经济林产品　胶、橡胶、生漆、咖啡、金鸡纳等。林副产品种类更是繁多，如松香、栲胶、栓皮及各种药材、芳香油、纤维原料、编织原料、淀粉、食用菌等。此外，林区丰富的野生动物资源所提供的动物蛋白质、毛皮、药材以及观赏动植物等，都有着重要的经济意义和科研价值。

(四) 畜禽产品

畜禽产品从广义上讲，主要是指肉、乳、蛋、禽、脂、肠、皮张、绒毛、鬃尾、细尾毛、羽毛、骨、角、蹄壳及其初加工品等。但从狭义上讲，既从我国商品经营分工的角度来看，肉、乳、蛋、脂、禽属食品和副食品范畴，也就是我们这里所说的畜禽产品。皮张、绒毛、鬃尾、细尾毛、羽毛、肠衣属畜产品，而骨、角、蹄壳属废旧物资或中药材商品。

(五）水产品

水产品是指水生的具有一定食用价值的动植物及其腌制、干制的各种初加工品。水产品，特别是鱼、虾、贝类等，自古以来一直是人们的重要食物之一。

水产品按生物学分类法可分为藻类植物（如海带、紫菜等）、腔肠动物（如海蜇等）、软体动物（如扇贝、鲍鱼和鱿鱼等）、甲壳动物（如对虾、河蟹等）、棘皮动物（如海参、海胆等）、鱼类（如带鱼、鲅鱼、鲤鱼和鲫鱼等）、爬行类（如中华鳖等）；按商业分类可分为活水产品（包括海水鱼、淡水鱼、鼋鱼、河蟹和贝类等）、鲜水产品（含冷冻品和冰鲜品，包括海水鱼、淡水鱼、虾和蟹等）、水产加工品（按加工方法分为水产腌制品和水产干制品，包括淡干品、盐干品和熟干品等；按加工原料分为咸干鱼、虾蟹加工品、海藻加工品和其他水产加工品）。

(六）其他农副产品

其他农副产品主要是指除农产品的粮油、果蔬花卉、林产品、畜禽产品、水产品的主产品以外的烟叶、茶叶、蜂产品、棉花、麻、蚕茧、畜产品、生漆、干菜和调味品、中药材和野生植物原料等产品。

1. **烟叶** 烟叶是烟草的叶片，是制作卷烟、雪茄烟、斗丝、鼻烟和嚼烟等烟制品的主要原料。

烟叶经过初步加工（烤、晒、晾）即可供人们吸用，有兴奋神经、解除疲劳的作用；烟叶是卷烟、雪茄烟、皮丝烟、鼻烟和嚼烟等烟制品的基本原料。烟、烟蒂、烟籽、烟结、烟筋经过加工可提取烟碱，有杀虫、灭菌功效，烟茎可用于造纸、压制纤维板和提取活性炭等。

我国烟叶的种类很多，根据烟草品种和加工制作方法不同可分为烤烟、晒烟、晾烟3类。

2. **茶叶** 茶叶是从茶树上采摘下来的鲜叶或嫩叶，经过加工，制成可供人们饮用，具有色、香、味和形状各异的成品茶。

茶树属于茶科,是多年生的常绿植物。按树型可分为乔木型、灌木型和半乔木型3种。

鲜茶叶或嫩叶采摘后,必须经过加工才能成为商品茶。茶叶经过各种技术处理促使叶内的有效成分发生变化,形成具有不同的色、香、味、形的毛茶,称为鲜叶加工或称初制;毛茶经过筛分、拣剔、复火等技术处理后,分别加工成符合商品茶规格的各种花色和等级的成品茶,称为毛茶加工或称精制;还有用毛茶加工成不同等级的茶坯,与各种鲜香花配合通过窨制技术处理加工成为花茶。

茶叶、咖啡和可可是世界的3大饮料,其中茶叶作为饮料的历史最久,饮用的地区最广和人口最多。我国是饮用和生产茶叶历史最悠久的国家,也是传统的茶叶出口国,享有"茶的祖国"之誉。

茶叶按制茶方法结合成品茶的品质特征分为红茶类、绿茶类、乌龙茶类、白茶类、花茶类、紧压茶类和速溶茶类7大类。

3. 蜂产品　蜂产品主要包括蜂蜜、蜂王浆和蜂蜡。

蜂蜜是蜜蜂采集蜜源植物花中蜜腺上的花蜜或其他分泌物,经过充分酿造而储存在巢脾中的甜物质。

按蜜源可将蜂蜜分为花卉蜜(又称自然蜜)和甘露蜜。花卉蜜就是我们日常所说的蜂蜜,是从花卉中获取的花卉蜜,可分为单花蜜和杂花蜜。单花蜜如椴树蜜、枣花蜜、荔枝蜜等,杂花蜜又称混合蜜和百花蜜。甘露蜜是从同翅目的蚜虫、介壳虫等一类昆虫的排泄物中采集的蜜。

按蜂蜜的颜色可分为水白色、白色、浅琥珀色、黄色、琥珀色、深琥珀色和深棕色等。

此外,还有毒蜜,虽很少见,但危害较大。一般认为雷公藤蜜、藜芦蜜、乌头蜜、杜鹃蜜等是有毒的,要特别注意。

4. 棉花　棉花是纺织工业的重要原料,是人们必需的生活资料。商品棉花指的是棉农出售的子棉、皮棉和絮棉。带有棉子的棉纤维叫子棉。子棉不能直接使用,需进行轧花加工使纤维与棉籽分离。经过轧花机把棉籽轧掉,所得的棉纤维叫皮棉,也叫原棉。皮棉是纺织工业的重要原料,皮棉经再加工可弹成絮棉。

按棉花的类别(即按棉纤维的粗细、长短)可将棉花分为细绒棉(又称陆地棉:细度为 $18\sim25\mu m$,长度为 $25\sim31mm$)、长绒棉(又称海岛棉:细度为 $14\sim22\mu m$,长度为 $33mm$ 以上)、粗绒棉(又称亚洲棉或非洲棉:细度为 $20\sim30\mu m$,长度为 $13\sim25mm$);按棉花色泽可将棉花分为白棉、黄棉和灰棉;按棉花的初步加工状态可将棉花分为皮辊棉、锯齿棉。

5. 麻　麻是麻类植物的总称,属于一年或多年生的草木纤维植物。麻纤维是指麻的韧皮纤维和叶纤维或经过加工(剥制和脱胶)制成的可用纤维。麻纤维是纺织工业的重要原料之一,在国民经济中占有重要地位。

麻按采用的部位不同可分为韧皮纤维和叶纤维。韧皮纤维是从双子叶植物茎部剥下来的纤维,质地柔软,又称软质纤维,如苎麻、黄麻、红麻、亚麻、大麻和青麻等。叶纤维是从单子叶或叶鞘中取出来的管束纤维,质地粗硬,又叫硬质纤维,如剑麻、蕉麻和假菠萝麻等。

韧皮纤维根据含木质纤维的多少,分为木质纤维和非木质纤维 2 种。木质纤维比较粗硬,如红麻、黄麻和青麻等,可制成麻布、麻袋和绳索等。非木质纤维品质柔软,如苎麻、亚麻和大麻等,可作为纺织原料。叶纤维粗硬,主要用于制绳索、造纸和织渔网等原料。

6. 蚕茧　蚕茧是蚕在化蛹前用吐出的丝结成的茧,用蚕茧缫得的生丝称为蚕丝。我国是蚕茧的发源地,远在五千年前,我们的祖先就利用蚕茧取丝织帛了。蚕丝纤维强韧而富弹性、细而柔软,具有良好的吸湿性、保暖性、绝缘性、耐腐性和化学稳定性。其制品光滑优美,染色鲜艳,穿着舒适,是优质的纺织原料,是我国传统的出口商品。

蚕茧按蚕的品种可分为改良蚕、土改良蚕（又称自留蚕）、土蚕；按生产季节可分为春蚕、秋蚕和夏蚕；按蚕的初步加工可分为鲜茧、半干茧和干茧；按茧的质量可分为上茧、次茧和下脚茧；按茧的大小可分为大茧、中茧、小茧、特大茧和特小茧。

7. 畜产品　畜产品是畜禽产品的副产品，是指具有实际经济意义的皮张、绒毛、鬃尾、细尾毛、羽毛和肠衣等产品。畜产品在国民经济中有着重要的作用。畜产品是工业的重要原料，如毛纺、地毯、制革、毛皮及制刷、制肠衣等轻工业；国防建设的重要物资，如背带、炮衣、马鞍用皮、武装带、子弹盒、军用皮包、飞行服、皮大衣、皮帽、皮靴、皮鞋、皮手套、滤油皮、拖拉重武器的皮带、各种炮刷、军舰卫生用刷和油漆刷等；满足人们生活的需要，人们生活水平的提高不仅表现在对肉、乳、蛋等动物性蛋白的需求量的大小，而且很大程度上反应在人们对畜产品占有量的高低，如人们日常穿戴的毛衣、毛料服装、长短皮大衣、皮帽、皮手套、围巾、皮鞋、皮包、腰带、文具和工具的毛笔、水彩笔、油画笔、化妆笔、胡刷、牙刷、衣服刷、油漆刷以及各种丝竹乐器的弓弦、各种劳保服装以及多种药品等都是畜产品制品；畜产品是我国传统的出口商品，如猪鬃、肠衣、小湖羊皮、山羊板皮、山羊绒、兔毛和羽毛等。大力发展畜产品的生产不仅满足我国现代农业、工业、国防、人民生活的需要，还能换回大量外汇，促进国民经济的发展。

畜产品可分为皮张、绒毛、鬃尾、细尾毛、羽毛和肠衣 6 大类。

8. 生漆　生漆是天然漆，也称国漆、大漆。生漆是从漆树的韧皮部内割流出来的乳白色黏稠液体，是漆树的一种生理分泌物。漆树属于漆树科漆树属，是一种落叶乔木。生漆是我国著名的特种林产品，产区遍布全国十几个省，主要产地是湖北、四川、陕西、贵州和云南等省。

生漆漆膜坚硬而富有光泽，具有独特的耐久性、耐磨性、耐油性、耐水性、耐溶剂性、耐腐蚀性以及绝缘性等优良性能。这些优良性能是目前合成涂料所不能比拟的，故有"涂料之王"之称。可广泛用于国防工业、石油化工工业、采矿工业和地下工程、纺织印染工业以及漆制工艺品、研制新型涂料、修缮古代文物建筑等，经炮制后的干漆作为中药用于治疗疾病和外伤止血等。

生漆按产地可分为毛坝漆（湖北利川、恩施、宣恩、咸丰和来凤等地）、建始漆（湖北建始、巴东、鹤峰、五峰、长阳和宜都等地）、西北漆（我国西北部）；按生漆的特性可分为大木漆和小木漆2类。

9. 干菜和调味品　干菜和调味品包括干菜、食用菌和调味品3类。

食用菌是指能形成显著的肉质或胶质子实体并可供人类食用的大型真菌。人们从古至今都以菇、蕈、菌、蘑和耳等称之，如香菇、平菇、玉蕈、木耳、银耳、口蘑、松口蘑、凤尾蘑、猴头菌、羊肚菌和牛肝菌等。目前，全世界可食用的大型真菌有2000多种，被人类所利用的有400多种，能进行人工栽培的有50多种，其中形成大规模商业性栽培的有20多种。食用菌是一种营养丰富并兼有食疗价值的食品，蛋白质含量丰富，介于肉类和蔬菜之间，所含的氨基酸种类较多。矿物质的含量也较多，尤其是磷的含量较高，有利于人体各种生理功能的调节。食用菌还含有较多的核酸和多种维生素，包括维生素B_1、维生素B_2、维生素C和维生素D原等。此外，香菇、木耳、银耳、灰树花和猴头菌等许多食用菌还兼有多种特定的滋补保健作用和医疗功效。广义的食用菌还包括利用发酵作用进行食品加工的丝状真菌和酵母菌。

目前，我国是食用菌生产的第一大国，食用菌种类繁多，有1000多种大型真菌，其中具有食用价值有200多种。近年来不断地开发栽培的新品种和从国外引进新品种进行人工栽培，使我国的食用菌种类和栽培的品种更加丰富。按照我国经营习惯可将食用菌分为木耳类和蘑菇类,木耳类包括黑木耳、银耳、黄木耳和金耳等,蘑菇类包括除木耳类以外所有的大型食用菌类,如香菇、口蘑和猴头菌等。

干菜和调味品在我国有着丰富的自然资源,广泛分布于全国的山林、草原和农村,是一项重要的农副产品。干菜和调味品不仅是国内的消费品,也是传统的、享有盛誉的出口产品。

10. 中药材及野生植物原料 中药材是指中医作为调剂处方、配制中成药所用的原料。其中大部分是只经过初步加工的原生药。根据性质不同可分为植物药、动物药和矿物药3大类。

我国地大物博,自然条件优越,中药材资源极其丰富,是巨大的天然药库。已知可供药用的植物、动物和矿物药有5000多种,其中植物药约占90%。中药材的用途广泛,除了主要供医疗保健用外,在食品、饮料、香料、化妆品、染料和农药等方面也广为应用。同时,中药材又是重要的出口物质,全国可供出口的中药材近500种。

野生植物原料种类繁多,分类方法很多。根据用途可分为以下几类:野生纤维类,主要是指各种禾草和竹子;野生脂肪油料及芳香油料,如苍耳子、盐蒿子、山苍子、乌桕子、樟树的根、茎、叶等;野生淀粉原料,如橡子、土茯苓(地下茎)和蕨根等;野生化工原料,如五倍子等,大多是用来提取鞣质的植物果实壳;野生中药材,如车前子、连翘和石蒜等;以及干鲜果菜、饲料饲草和各种条子(蜡条、白柳条等)等。

第二节 农产品质量标准

农产品质量标准是农产品生产和流通的一项共同的技术依据,它既表达了生产和消费农产品质量要求,又是产销双方对产品质量有争议时执行仲裁的依据。

我国广大农村,地域辽阔,气候条件复杂,同一农产品,由于出自不同地区，会因气候、土壤条件、品种不同、生产方式不同等而产生质量差异。因此，农产品比工业产品的标准制定更加困难，全国各地不易统一。

通过农产品标准的制定与推行，能保证农产品质量普遍达到当前应有的水平，并在这一基础上精益求精进一步提高质量，同时还可以促进工农业生产技术的提高，及促进原料资源得到充分合理的利用。

农产品标准中，对产品的包装、运输和保管都有具体要求，便于流通部门保护商品质量，合理、科学地进行检验、分级、收购、调运和养护等工作，并能降低损耗，有助于改善经营管理和提高各环节的经济效益。

标准一经批准发布，就是技术法规，无论任何部门都必须严格贯彻执行，任何单位不得擅自更改或降低标准。对因违反标准造成不良后果以致重大事故者，要根据情节轻重，分别给予批评或适当的处分、经济制裁，直至追究法律责任。贯彻标准有困难者，要说明理由，提出暂缓执行的期限和临时执行什么标准的情况报告，经上级主管部门和标准管理部门批准。

一、概念

农产品质量标准是对农产品的质量及与质量有关的其他方面所规定的典范和准则，是对农产品的品种、规格、技术要求、试验检验方法、包装、商品标志、储存保管和包装运输等方面所作的统一规定，是农产品生产的技术依据，也是评定农产品质量的准则。经国家标准化主管部门批准的农产品质量标准即技术法规。农产品质量标准的实施，使产品质量的检验与监督工作有章可循，使商品质量有了可靠保证。也为限制和监督检查不正当竞争行为提供了依据。

农产品标准分文件标准和实物标准2种。文件标准是通过文字全面或部分地阐明关于农产品质量的规定。实物标准是指以实物作为标准样品，特别是当文件标准不能明确表述商品质量内容时，都采用实物标准。

二、标准分级

按《中华人民共和国标准法》规定，我国商品标准分为4级。

（一）国家标准

国家标准是指对全国经济、技术发展有重大意义的技术标准。由国家主管部门提出草案，经国家标准主管部门批准发布，在全国统一范围内实施。农产品国家标准适用于国内农产品收购、加工、销售、贮藏、调运及对外贸易等。

国家标准全称是"中华人民共和国标准"。简称为"国标"，代号为"GB"（即国标两字汉语拼音第一个字母）。GB加一斜线，再加T，便为推荐性国家标准代号，即"GB/T"。国家标准编号由国家标准代号、国家标准发布顺序号和国家标准发布的年号（或后两位）构成。如：GB11675－89为银耳卫生标准。

（二）部颁（行业）标准

部颁标准是全国性各专业（或部门）范围内的统一标准。是一种没有国家标准而又需要在全国各行业范围内统一的技术要求。由国家主管部门或有关部门联合制定发布，并报国家标准主管部门备案。若该种产品已实施国家标准，则该种行业标准自行废除。它适用于在国内的省间调拨。

行业标准的编号由行业标准代号、标准顺序号和年号构成。若在行业标准代号后加一斜线，再加上"T"，即组成推荐性行业标准代号。如：NY5001－2001为无公害食品韭菜标准。

（三）地方标准

地方标准是指对没有国家标准和行业标准又需要在各省、自治区、直辖市范围内制定的标准。由所在省、自治区、直辖市政府标准化管理部门发布，并报国家标准化行政管理部门和有关行业主管部门备案。若该产品已有国家标准或行业标准，则该地方标准自行废止。地方标准只适用于本省、区（市）的农产品收购、销售、加工、调运。

地方标准的编号由地方标准代号、地方标准顺序号和年号构成。如：陕 OB2473－81 为大麦米质量标准。

（四）企业标准

当企业的某种产品没有国家标准、部颁标准和地方标准时，作为企业组织生产的依据而制定的标准，企业标准的制定、审批和发布由企业自行安排，并按省、区（市）政府的要求备案。企业标准的代号为"Q"加一斜线表示，再加上企业的代号便组成企业标准"Q/XXX"。其编号由企业标准代号、该企业代号、标准顺序号和年号构成。

需要注意的是，国家标准、部颁标准、地方标准不得重复制定，企业可以制定技术指标高于国家标准或部颁标准的企业标准，但只在企业内部适用。

所谓强制性标准，是指为保障人体健康、人身、财产安全的标准和法律、行政法规规定强制执行的标准。强制性标准和主要对象包括的范围较多，如药品卫生标准、食品卫生标准、兽药标准，产品及产品生产、储运和使用中的安全、卫生标准等等。

所谓推荐标准，是指强制性标准以外的标准。

国际上的标准有国际标准、国家标准、协会（地区）标准和企业（公司）标准。国际标准是指国际标准化组织（ISO）、联合国食品法典委员会（CAC）、国际有机食品运动委员会（IFOAM）以及其他国际组织所制的标准。

三、内容

农产品标准的内容和其他产品大体相同，但与工业品比较有很多不同的特点，如有的标准上需说明适用于动植物学上的目、科、属、种和品种，另外受生产地区、生产季节和气候条件等的影响，质量差异较大等。

无论是文件标准，还是实物标准，其内容基本包含以下 7 个方面：

（一）适用范围

在标准中必须说明标准适用的范围，首先要说明应用于什么农产品品种，标准所包括的项目，不包括的项目，以及标准使用的业务范围等。

（二）引用标准

该种农产品质量标准中所用的抽样方法、检验方法和卫生标准等所适用的相应标准加以说明，以便于有据可依。

（三）名词术语

标准中对所涉及的名词术语进行明确统一定义，便于统一口径，以免在检验上发生误差。

（四）分类

对标准中的农产品规定分类依据、分类方法、分类指标，以规范分类标准。

（五）质量指标

质量指标是农产品的标准的中心内容，包括技术要求、感官指标和理化指标等项目，并对农产品质量的分等分级有明确规定。这是生产部门保证完成质量指标的依据，也是流通部门做好农产品采购、验收和销售工作的依据。

技术要求是关于农产品在加工方法、操作要求和卫生条件等方面的规定。感官指标是指用人的耳、鼻、口、眼和手等感觉器官鉴定的指标。在农产品的标准中，感官指标占有重要地位。如棉花的色泽特征，水果的色、香、味及外观形态，某些农产品的伤残疵点，如麻的斑疵等。理化指标是关于商品化学成分、化学性质和物理机械性质的质量指标，如羊毛的拉力、蜂蜜的度数（即比重）、油脂的折光指数等，许多食用农产品还规定了微生物学指标及无毒害性指标。

在不同的商品中，这部分内容有各种不同的标题，如质量指标、质量要求、品质条件、技术要求和技术条件等，感官指标或用文字叙述，或规定评分标准，或规定与实物标准样品对照，理化指标一般都规定有具体数值。

标准中所规定的指标都是与农产品使用价值密切相关的，要能根据重要指标来全面正确地判断农产品质量。

标准中所规定的质量指标与当前农产品的质量水平和检验科学水平相适应。

(六)抽样方法和检验方法

抽样方法的内容包括每批农产品应抽取的百分率；抽样的方法和数量；抽样的用具，样品在检验前的处理和保管方法等。抽样用词也各不相同，如称为取样、拣样、扦样等。

检验方法是对检验每项指标项所作的具体规定。其内容包括：这一指标的含义，检验所用仪器种类和规格，检验所用的试剂种类、规格和配制方法，检验的操作程序、操作方法和注意事项，检验结果的计算及表示方法等。

正确的抽样和检验方法是保证获得正确检验结果的前提，买卖双方发生争执时，必须以标准方法检验的结果为准。

(七)包装、运输和储存

对包装、运输和储存等方面提出要求，主要是为了便于验收、运输和保管。同时还为了防止污染、生霉和混杂，有利于保证农产品质量。

第三节 农产品的质量检验及等级评定方法

一、质量检验概念

农产品质量检验是根据农产品质量鉴定的具体要求，对农产品进行抽样、技术检验和评定等一系列工作。

农产品的检验是根据标准对农产品的质量进行科学的鉴定，以判断其质量的高低和使用价值的大小。

农产品检验是一项综合评定和分析产品质量的工作，但因检验目的不同，其检验项目有繁有简。例如全面分析研究产品的成分、结构、性质、拟定标准中切实可行的质量指标、科学的检验方法，或为了农业上培育优良品种，而对产品性能质量进行全面分析、鉴定，其检验项目就多些，而为了快速收购和分级，其检验项目就应简单些。

二、质量检验的程序

农产品质量检验的程序一般为抽样、检验和等级确定等步骤。检验农产品的方法主要有 2 类，一类是感官检验法，一类是理化检验法。前者是借助感觉器官进行检验的方法，后者是借助各种仪器和试剂进行检验的方法。

（一）抽样

抽样也称为拣样、取样等，是农产品检验的第一道手续。取样的代表性与检验结果的准确性有密切关系。为了使抽样的样品品质能代表整批产品的品质，必须依据统计学原理，保证整批产品中任意一个都有被抽取的机会，即概率相等。这样在检验时仅对样品进行鉴定，即可将检验结果用于评价整批产品的质量。所以正确的抽样方法和合理的保管样品的方法，是获得准确检验结果的前提条件，否则抽样无代表性或样品保管不善，质量发生了变化，即使检验结果十分准确，也不能代表整批产品。

在有些场合下，要求逐个检验每个商品，而且也能够做到时，就不存在抽样问题。

1. 抽样方法　现行通用的抽样方法有随机抽样法和典型抽样法。

（1）随机抽样　在抽样时不随人的主观愿望进行抽样，使每件商品都可能成为样品的抽取方法。

①单纯随机抽样　设在 N 个商品中抽取 n 个作为样品，每个商品被抽到的机会是 n/N，抽样时随意抽取，不对试样进行比较，抽样后也不允许调换，这种完全随机的抽样叫单纯随机抽样。在实际工作中，为了避免人为造成样品代表性不强，可先将每个农产品编号，再用随机方法进行抽样，以便得到合理的随机率。这种方法用于农产品数量不大，抽样比较方便的场合。

②系统抽样　是指把农产品分批编号，按照一定程序进行抽

样,如按 3 进行抽样,即逢 3、13、23……做试样,也可按其任意一个自然数取试样。这种方法适于半成品抽样,其缺点是由于抽样均匀规律,有时会将刚好在另一种数量规律的有问题产品漏掉。

③分层、分段抽样 由于农产品数量大且存放场所多,到货期又不一样,则可把一大堆农产品分成若干堆或若干层,每堆或每层按一定百分比抽样,最后将试样集中检验。分层抽样用于数量大且堆放在一起的农产品抽样,分段抽样用于来货期不同且堆放地很多的农产品抽样。分段抽样可先检最早的到货,再检抽最后的到货。发现最早到货就有问题,则应对以后每次到货都严格检查。

④整群检验 是把大包装作为整体进行抽样。然后,对抽出的大包装再以小包装为单位进行抽样,即先群体抽样再个体抽样,这种方法对工业品比较合适。

(2)典型抽样 是按农产品情况典型地抽取样品,它不同于随机抽样法,而是用比较少的试样分析估计整批农产品的质量情况。如检验花生中的黄曲霉素时,先检验霉度严重的花生米粒,如果未发现黄曲霉素,则可判断整批花生的黄曲霉素含量符合标准。

2. 抽样数量的确定 目前我国抽样数量确定的方法有百分比抽样法、计数抽样法和计量抽样法,农产品检验抽样一般采用百分比抽样法。

百分比抽样法,即用百分比决定抽样的方法。根据批量的多少抽取一定百分率作为试样。如农产品批量为 500 个,常用抽样比例 5%,作为样品,应抽 500 个×5%=25 个。

用这种方法抽样,农产品批量在 500~5000 个之间比较合适。如果到农产品批量很小,则抽取试样数至少 5 个;当批量数大于 10 000 个,则抽取 3%;大于 100 000 个,抽 1%。

（二）感官检验法

感官检验法是用人的耳、目、口、鼻和手等感觉器官，通过视觉、嗅觉、味觉、听觉和触觉等来检验农产品的质量。这种方法主要应用于检验农产品的外形结构、外观疵点、色泽、硬度、弹性、气味、滋味、声音，以及包装方面的质量。

感官检验法对所有农产品质量鉴定都是必要的，这种方法在农产品检验中使用最广泛，占有重要地位，往往可以决定其质量的优劣，如棉、麻、烟、茶和畜产品等农产品的检验，目前均以感官检验为主。感官检验的优点是快捷、简便、易行，不需繁杂的仪器设备，有一定的科学性和准确性，在农产品检验中采用此种方法。缺点是检验结果只能用专业术语或记分来表示质量的高低，不能用具体数值来表示。它受检验人员的生理条件、工作经验和外界环境的影响较大，有一定的主观因素。

感官检验法可分为视觉检验、嗅觉检验、味觉检验、触觉检验和听觉检验。

1. 视觉检验　视觉是辨别外界物体明暗和颜色的感觉。由光源直射或物体投射或反射的光线作用于眼球的视网膜，引起其中感觉细胞的兴奋，再经视神经传入大脑皮层产生视觉。视觉在对物体的空间属性如大小、形状和远近等的区分上起到重要的作用。

通过对被检农产品作用于眼球（或利用放大镜）的反应——视觉，进行评价农产品的方法称为视觉检查。检验主要观察农产品的新鲜程度，有无霉变、虫蚀，农产品颜色、形态是否正常，有无异物或玷污，并检查农产品的组织状态，有无潮解或龟裂崩解等。为了使检验结果尽可能准确，有时要求设置特别的灯光和特别的环境，有时还要制定出标准实物样品作为对照比较的依据。视觉检查的内容最为直接，最为广泛，是极重要的一种方法。

2. 嗅觉检验　嗅觉是辨别外界物体气味的感觉。由于物体发散于空气中的微粒作用于鼻腔上部嗅觉细胞,产生兴奋,再传入大脑皮层引起嗅觉。嗅觉与其他感官,特别是味觉经常联系。

通过被检农产品作用于鼻腔的反应——嗅觉进行的评价农产品的方法称为嗅觉检验。检验时要由远及近,由少到多,以防止强烈的气味的突然刺激。检验时将农产品的少量样品放在手掌上,用哈气的方法加热,然后嗅其气味;气味强的农产品可直接接近或拿起嗅其气味;香气过于清淡的可以适当加热,掰开或趁势插入新剥的竹签,嗅其气味。液体样品可以适当振摇后嗅其气味。应首先辨别气味的性质(香、臭、腥、臊)和强度,再仔细辨别香型,有无异常气味等。

3. 味觉检验 味觉是辨别外界物体味道的感觉。由溶于水或唾液中的化学物质作用于舌面和口腔黏膜上的味觉细胞(味蕾)产生兴奋,再传入大脑皮层,引起味觉。基本味觉有酸、甜、苦、咸 4 种,其余都是混合味觉。味觉通常与其他感觉,特别是同嗅觉、触觉相联系,如辣觉就是热觉、痛觉和基本味觉的混合。

通过被检验的农产品作用于味蕾的反应——味觉进行评价农产品的方法就称为味觉检验。检验时通过舔、嚼和喝(有毒或发霉变质的不能咽下)等方法进行评价。在前二者正常的前提下,取少量的样品慢慢咀嚼,反复回味,咽下,品评从农产品入口到咽下的全过程的味感(酸、甜、苦、辣、鲜、咸、麻和涩等)和口感(松脆、坚硬、绵软、粗糙、细腻、酥化等)。品尝时农产品不可过热或过冷,应是农产品的正常温度。

4. 听觉检验 听觉是辨别外界物体声音的感觉。由物体发出的声波作用于耳膜,引起中枢神经兴奋,再传入大脑皮层产生听觉。

通过被检农产品作用于耳膜的反应——听觉,进行评价农产品的方法称为听觉检验。听觉检验主要是对样品进行折、敲、打、撞和踹等手段,使农产品发出声响,从而评价农产品的内在质量（含水量、质地疏密度和成熟度等）的一种方法。

5.触觉检验　触觉属于皮肤感觉的一种，是辨别外界刺激接触皮肤情况的感觉，刺激轻轻接触皮肤感受器所引起的肤觉称为触觉。

通过被检验农产品轻轻作用于感受器的反应——触觉，进行的评价农产品的方法称为触觉检验。检验主要是用手触、摸、捏、揉、握、搓、按和抖等对农产品的轻重、软硬、脆韧、弹性、拉力、黏稠和滑腻等性质进行检验。

通常在感官检验时，总有一个用语言描述的评价标准作为判断农产品质量好坏或划分农产品等级的参照，这就是农产品的感官指标，各类农产品都有各自的评价指标。将感觉器官的反应与农产品的感官指标对照，就比较容易评价农产品的商品性状。对于农产品的评优等，要由有经验的经过训练的一定数量的人员，按一定的方式，在特定的环境中进行。感官评定的结果最好以统计学的手段进行综合评判，以便尽量删除主观因素的偏差。

感官检验的 5 种方法，常常不是孤立地运用某一种方法，而是综合运用几种方法，全面鉴定农产品。

（三）理化检验法

理化检验法同感官检验不同的是，是利用各种仪器、设备、器械和化学试剂来检验农产品质量的方法。能探明农产品的内部疵点；并能深入地测定农产品的成分、结构和性质；其检验结果较感官检验客观而精确，可以用具体数值表示。

理化检验可用化学、光学、力学、热学、电学、物理化学、器械和生物学等方法进行检验。随着科学技术的发展，各种新型的检验方法与检测方法不断得到广泛应用，理化检验方法的种类越来越多，应用范围越来越广，而且在检验的准确性、灵敏度和稳定性方面都在不断提高，越来越向着快速、少损（或无损）、自动化的方向发展，例如：用 X 射线光谱的元素分析，试验时不必破坏物质的分子，分析前对试样处理要求极少，完全可以做到无损测定。尤其是计算机用于理化检验，既可监督仪器的性能，还可以控制其运作和各项操作的参数。但理化检验法需要一定的仪器、设备和试剂及操作技术，一般不如感官检验迅速简便。无论是理化检验还是感官检验都要对检验结果分析处理，对农产品的真实性能来讲存在一定的误差。因此，检验时，必须遵循为了保证检验结果的准确性和重复检验时结果一致性的各种必要条件。如果出现误差，一方面应分析造成误差的原因，并在可能条件下采取措施加以消除；另一方面应将所得数据进行合理处理，估计其精确程度，根据检验结果确定误差数量范围，并用有效数字表示出来。

理化检验法分物理检验法、化学检验法和生物检验法。物理检验法用来检验长度、强力、细度、密度、相对密度、重量、体积、色泽、透明度和导电性等。化学检验法用来检验农产品的成分及有害物质等，化学检验法又分为定性分析和定量分析 2 种。生物检验法是对于可食农产品及皮张、绒毛和鬃尾等农产品是否有有害微生物的检验。

1. 物理检验法　物理检验法包括范围很广，常使用与光学、力学、电学有关的仪器。主要有显微镜检验法、折光仪检验法、比重法、旋光仪法、热学检验法和器械检验法等。

2. 化学检验法　化学检验法是以农产品中被测组分的化学性质为依据的检验方法，或者说是根据农产品中被测组分与试剂所进行的化学反应为基础的检验方法。

定量分析法是化学检验法的一部分，其任务是测定试样组成部分的质量。由于定量分析法解决了量的关系，因而具有很重要的实用意义。在很多农产品质量检验中，定量分析方法已成为不可缺少的手段，目前特别是农产品有害物质含量的测定尤为重要。定量分析的方法有重量分析法、容重分析法、比色法和层析法等。

3. 生物检验法　农产品中含有丰富的营养成分，在生产、储存中易受微生物污染,从而使产品色、香、味发生变化,腐败变质,人们食用后轻者中毒,重者死亡,为此要进行生物检验。

农产品的生物检验,通常是通过检查细菌总数、大肠杆菌群来判断农产品被污染的程度,从而间接判断有无传播肠道传染病的危险。在常规检验中发现可疑致病菌或食物中毒时,就要进行致病菌检查。一般通过肉眼观察、显微镜检验、生化反应、血清分型和动物试验等手段对污染农产品的细菌进行检出与计数检验,从而给农产品的卫生学评价提供依据。常见的致病菌有葡萄球菌、链球菌、肉毒梭状芽孢杆菌、沙门氏杆菌和志贺氏杆菌5类。

三、等级评定

等级评定是农产品质量检验的最后一个重要步骤。农产品等级评定实际上是对农产品内在质量、外观质量和包装质量等做出检验结论。对农产品进行等级评定,是农产品检验工作的目的之一,农产品的分级是按一定的质量指标进行检验后,将农产品分为若干等级的工作。

等级这一概念是用来决定农产品有用性程度的质量范畴,它是相对的,有条件的。农产品的等级有时也称为品级。等级常用顺序号来表示,如一等、二等、三等或一级、二级、三级等,此时"等"与"级"无含意上的差别。

有些农产品在等下面,还有级别之分,如二等一级、二等二级、二等三级等。此时"等"与"级"的含义有所不同。也有一些农产品用其他的方式来表示,如优级、上级、中级和下级等。随着科学技术和生产技术的发展,农产品质量的提高,不同时期的同一等级所表示的农产品有用性程度会相应的有所提高。农产品的质量受气候及病虫害的影响极大,因此不同年份和不同地区的同一等级,在质量方面也可能有较大差异。

(一)等级评定的原则和依据

1. 考虑农产品的使用要求　将符合使用要求的农产品定为合

格或优级品，首先要考虑农产品的安全性能，凡是给使用者造成人身事故或环境事故的农产品应定为不合格品。另外，农产品的用途和使用特性也应作为农产品分级时考虑的主要因素。

农产品分级时还应对农产品各种质量缺陷分类。从消费者角度看，任何不符合技术规定要求的缺陷都是不能容忍的；从生产角度看，产品都不可能十全十美。考虑使用者和生产者各自的要求，既保护消费者的权益又有利于减少生产成本，生产优质农产品，对每一种农产品都规定了农产品缺陷的指标。

2. 考虑国家经济的全局利益 所谓全局利益，即对国家、企业、个人3个方面的经济利益予以全面考虑。不可把质量标准定得超出现有生产水平，也不可把质量标准降低到危害人身安全和造成环境污染的水平，而应当从实际出发，做到切实可行、注重实效、考虑消费层次的不同要求。鼓励用新技术开发新产品，不断淘汰劣质产品。

（二）分级标志

农产品分级标志较多，农产品分级不仅取决于用途和消费层次，还取决于生产方式、成熟度、自然形态、病害和气候等。

1. 合格品与不合格品 合格品是符合使用要求的产品，不合格品是不能用的废品。

2. 优级品、等级品和等外品 优级品，在农产品中多用"特级""特等"，有的也称一等品。等级品是不完善、但仍有一定使用价值的农产品，等级品的等级很多，有一等、二等……。若优级品叫一等品，则等级品从二等品算起，但这种分级法容易混淆等级标准，一般少用。

3. 多级分类标志 多级分类标志是用几个级别表示农产品的质量，如棉花，有纺织用棉和短绒2大类，每类又分为好几个等级；烟有甲、乙、丙三级3大类，每大类又分为3个级别，即甲一级、甲二级、甲三级等等。之所以分这么多等的类别，是因为这类产品的质量、性能差异性很大，又不易人为控制。

（三）分级方法

1. 限定法　限定法是将农产品各项缺陷和各项要求都列出来，凡不符合要求者作为一项缺陷，缺陷累计超过一定数量，或缺陷大小、位置超过规定标准者，则认为该农产品不符合某一等；缺陷数不足限定数者，则认为符合某一等。用这种限定法分级适用于农产品缺陷易被人肉眼看出的表面性能或易为仪器作无损鉴定的农产品质量的鉴定。另一种是对各等级的实物标准样品规定一个限度，如皮棉的实物标准，规定各级都是底线。

2. 计分法　计分法是将农产品的各种缺陷和各项要求列出，根据这些缺陷的重要性逐一定分数，累计各项分数，分数越高等级数就越高。有些工业原料，对其每种疵点规定一定分数，疵点越多，分数就越多，等级就越低。这种方法的重点是对缺陷不等同对待，而是针对缺陷造成的质量问题的主次进行加权分配分数，轻重缺陷均记分，有利于较准确客观地检验农产品质量。国际贸易中这种方法应用也较广泛。

3. 百分记分法　百分记分法是将农产品的各项质量要求列出，将每项要求对农产品的重要性分别用百分数列出，最后累计得分。如水果分等分级时，果品糖度比标准高，分数增加；比标准低，分数减少。如西瓜的甜度标准要求一般为11度，比11度高的每高出0.2度加1分，比11度低的每低0.2度减1分。百分法常用于对成熟的鲜活农产品质量的分级。

练习题

1. 什么是农产品？农产品分哪几类？
2. 农产品质量检验的方法有哪些？
3. 什么是农产品标准？农产品标准分哪几级？举例说明国家标准是怎样编号的。
4. 农产品标准有哪两种？其内容包括哪几方面？
5. 农产品质量检验的一般程序有哪几个步骤？检验方法有哪几类？

6. 试述感官检验在农产品检验中的地位及其优缺点？
7. 什么是理化检验？理化检验有哪几种？
8. 农产品的分级标志有哪些？

第三章 农产品市场营销基础

第一节 农产品的经营特点及业务管理

一、经营特点

（一）属性

1. 具有动物、植物有机体的一般属性　绝大多数农产品都是动植物有机体，这些有机体又有活体和死体之分。活生物体在储运过程中常发生病变和死亡。死生物体仍是有机物，所以常被虫蛀、鼠咬、霉变以及氧化引起变色、变味、脱毛、老化和燃烧。

2. 使用价值具有很强的时效性　山货野果"迎季为宝，过时为草"，海产品、肉、蛋、奶和蔬菜等的鲜活性都是有一定的时限性，消费者喜爱鲜活、时令商品，经营者应针对不同农产品的特点，采取有效的手段，千方百计保鲜保活。

3. 品种和个体间的差异显著　农产品不仅品种之间差异显著，而且同一品种也有个体间的大小、色泽、风味、残伤程度和某物质成分含量高低等许多差异。根据这些差异，形成了农产品的质量、等级、档次和价格的不同。

（二）生产特点

1. 农产品生产的数量和质量具有不稳定性。
2. 农产品生产具有季节性显著的特点。
3. 农产品生产具有地域广阔和生产者分散的特点。
4. 农产品生产具有品种相对稳定的特点。
5. 农产品生产主产在农村，主销向城镇。
6. 农产品生产具有专业化、基地化生产的发展趋势。

7. 绿色农产品的生产具有广阔的前景,要注意保护生态环境,实现可持续发展。

(三) 经营特点

1. 对农产品进行商品化处理　商品化处理包括分级验质、包装和初加工等。

(1) 分级和验质　为了兼顾各方利益,方便经营,必须制定农产品的质量等级规格标准,收购时据以分级验质,销售时据以按质论价。

(2) 包装　包装是保护农产品、提高装载量、方便经营和提高农产品价值的需要。目前包装正向纸箱化、规格化、标准化、系列化、防腐保鲜和集装箱方向发展。

(3) 初加工　许多农产品只有经过初加工才能扩大销售、方便消费,同时也提高其价值。应在一些品种大量集中的产地,积极兴办加工企业,以提高农产品的附加值。

2. 重视农产品的储运和养护

(1) 储藏和运输　农产品的生产具有明显的季节性和地区性,合理的农产品储藏、储备,是缓解生产和消费在时间上的背离,防止脱销断档,保证农产品正常流通和供应的重要环节。合理的农产品运输,能实现农产品的空间转移,缓解生产和消费在空间上的矛盾,是经营的重要环节。农产品的运输具有量大集中、时间性强的特点。

(2) 农产品养护和防腐保鲜　大多数农产品易腐易烂易死亡易变质,为此需要对农产品进行养护和防腐保鲜,以保护农产品的使用价值。

由于农产品养护和防腐保鲜技术的发展,加上快捷的运输方式,使很多鲜活农产品四季活鲜。农产品的防腐保鲜处理,应成为生产技术的延续,在当前农产品生产已逐步实现专业化、基地化的情况下,产销量急骤增加,市场扩大,运输路线延长,因此农产品的养护和防腐保鲜技术措施就显得格外重要。

3. 物质技术设备、技术能力和经营艺术　在农产品储运、加工、防腐保鲜和包装等方面，需要有相应的先进的设备和技术。要注意加强科研成果的转化，大力应用新设备、新工艺、新方法和新技术。广泛收集民间传统有效的储运保养、包装和加工的方法和经验。在经营上，要有捕捉市场机会的敏感性，创造性地解决经营中的问题。

4. 定价策略　在一般情况下，要坚持质量和价格相符的原则，参照国际市场、国内市场平均价格来计价。在供大于求时降价，在供不应求时合理提价；在采购时要货比三家，讨价还价；在特殊情况下要上午一个价，下午一个价，落市落价。

5. 多渠道、少环节，及时行销，方便购买　在农产品的收购和销售上要广开渠道，尽量减少中间环节，可以利用计算机网络，快速分销，把生产和消费紧密地结合起来，降低库存、降低经营成本，在渠道设计上尽可能使消费者在适宜的时间、地点很容易地购买到农产品。

6. 协调产销之间的关系，科学组织和管理　要根据历史资料及有关气象、国内、国际市场的供求情况来安排生产，使产销之间协调发展，按需定产。可根据订单来落实生产。对于产量大、集中的产地，企业应通过洽谈会、订货会、展销会和广告等媒介，进行宣传，签订合同。同时落实相应的资金、运力、人力及设备等。

二、业务管理

(一) 采购业务

1. 农产品的采购业务管理的原则

(1) 按需收购的原则。

(2) 按质论价的原则。

(3) 经济核算的原则。

2. 农产品的采购方法

(1) 定点采购。

（2）流动采购。

（3）突击收购。

（4）派员采购。

（5）委托收购。

（6）联合收购。

（7）电子化采购。

3. 经济进货批量

（1）概念　进货批量是一次采购的进货数量。经济进货批量，是指经过综合分析进货费用与储存费用而得出的总体成本最低的一次进货数量。进货费用，是指采购人员的差旅费和农产品运杂费等。储存费用，是指库存农产品资金利息、仓储保管费用、农产品损耗费等。

（2）经济进货批量的运算

设：Q＝经济进货批量；

P＝每批订货成本；

C＝每单位存货年储存成本；

A＝全年需要量。

$$Q = \frac{2AP}{C}$$

例：企业对甲农产品的年需要量为6000kg，每千克单价为3元，每次订货成本为112.5元，每千克甲农产品的年储存成本为0.6元，试计算经济进货批量。

$$Q = \frac{2AP}{C}$$
$$= \frac{2 \times 6000 \times 112.5}{0.6}$$
$$= 1500 \text{kg}$$

（二）销售业务管理

1. 销售业务管理要做好的工作

（1）研究市场供求，捕捉市场机会。

(2) 开拓市场，扩大销售。

(3) 制定销售策略。

2. 销售方式

(1) 门市销售。

(2) 交易会展销会销售。

(3) 农产品批发市场。

(4) 流动销售。

(5) 邮购销售。

(6) 网上销售。

3. 促销方式

(1) 人员推销。

(2) 广告。

(3) 销售促进。

(4) 宣传。

第二节　核算与结算

一、核算

(一) 经营毛利的核算方法

经营毛利是在商品经营中用取得的销售收入净额减除销售成本之后的利润数，是没有扣除费用之前的利润。经营毛利的大小从一定程度上反映了企业的获利能力，是对企业经营情况进行判断的一个重要指标。

农产品经营毛利是用不含增值税的农产品销售收入净额减去农产品销售成本之后的余额。

不含增值税的农产品销售收入，是指将销售时采用销售额和销售税金合并定价的含税销售额，按：含税销售额÷（1＋税率或征收率）的公式计算出来的销售额。其中增值税一般纳税人销售农产品税率为 13%，商业企业小规模纳税人征收率为 4%。

农产品销售收入净额是不含增值税的农产品销售收入减去发生的所有销售折扣、折让后的余额。

农产品的销售成本主要是已销售农产品的实际库存价格,对于增值税一般纳税人,农产品入库价格,也就是农产品买价减去按买价的13%扣出率计算的增值税进项税额后的部分。增值税小规模纳税人以农产品全部买价作为入库价格。

(二)销售毛利计算实例

例1 某农产品经营单位采购一批黑木耳,支付了收购价款30 000元,同时又支付运费800元,装卸费300元。入库后又发生挑选整理费200元。后将这批黑木耳以含税价46 000元售出,因对方及时付款,给予了1%的现金折扣。根据以上资料计算经营这批黑木耳的毛利。

增值税一般纳税人:不含增值税销售收入=46 000.00÷(1+13%)=40 707.96元

销售收入净额=40 707.96−46 000.00×1%=40 247.96元

销售成本=30 000元

该批黑木耳毛利=40 247.96−30 000.00=10 247.96元

增值税小规模纳税人:不含增值税销售收入=46 000.00÷(1+4%)=44 230.77元

销售收入净额=44 230.77−46 000.00×1%=43 770.77元

销售成本=30 000元

该批黑木耳毛利=43 770.77−30 000.00=13 770.77元

二、结算

(一)现金的结算技能

在农产品交易中,由于交易一方大多为农业生产者个人,所以收购农业产品时其结算方式一般以现金为主,这就要求农产品经纪人首先要掌握的就是现金结算技能,具体又分为点钞和识别假钞。

1. 点钞 点钞就是数钞票。点钞法可分为手工整点和机器整点 2 大类。

(1) 手工整点

①手持式单张点钞法　这种点钞方法是点钞方法中最基本最常用的一种，适用范围比较广，可用于收款、付款的初点和复点，同时由于清点时能看到的钞票面积比较大，易于识别真假票币，便于挑剔损伤券。

持票手势　坐姿端正，钞票正面向内，左手拇指、无名指和小拇指在钞票正面，食指和中指在钞票背面，将钞票左端中间处夹于中指和无名指之间，钞票左端尽量靠近手指根部。食指伸开，其他手指自然弯曲，左手腕向内弯扣，拇指按于钞票内侧将钞票向外翻推，捻成一个微开的扇面形状，食指托住钞票背面。

数点方法　右手拇指、食指、中指蘸水，中指微微翘起，食指托住钞票右上角。拇指指尖将钞票右上角向右下方逐张捻动，食指从钞票背面配合拇指同时捻动，左手的拇指助推，右手无名指配合拇指将捻动的钞票向下弹拨，每捻一张弹拨一下，在捻动过程中，如右手拇指发滑，只需向中指稍蘸一下就可继续捻点，捻点时捻钞幅度越小速度越快。

②扇面式多张点钞法　此种点钞法速度快，适用于收款、付款的复点。但这种点钞方法清点时不易识别假币，所以不适用于收付款的初点。

A. 持票手势　左手持钞，右手拇指移到钞票正面中间，食指、中指和无名指伸向钞票背面横托钞票，虎口对准钞票右侧面。以左手拇指为轴心，右手掌内侧将钞票向左下方压弯，右手腕带动手指将钞票自由摇动。左手配合右手逆时针捻动轴心，右手拇指协助向左推捻钞票，其余 4 指在背面左右晃动，将钞票均匀化开，直至打开如扇开形状。

B. 数点方法　眼睛从扇面右上角开始向左看，右手食指托住扇面外侧，拇指放在扇面内侧，以每次 5 张或更多的相同张数自右向左向下按压（或以拇指、食指在钞票内侧自右向左交替以每次相同张数向下按压），其余手指作相应配合，心中默记按压次数。

（2）机器整点　机器整点使用点钞机代替部分手工操作，大大提高了工作效率。

首先打开点钞机的电源开关和计数器开关，然后取过钞票，左手握住钞票左半部，右手横握钞票，将钞票捻成前低后高的坡形后横放在点钞板上，形成自然斜度，钞票全部下到积钞台后，看清计数器上的数字，连续几次后，数字相同就可以确认。

2. 人民币真伪鉴别

（1）凭感官识别假币

①看　就是要注意看票面的颜色、轮廓、花纹、线条、图案等。真人民币线条粗细均匀，图案清晰，层次分明。假人民币线条零乱，粗细不一，层次平淡。真人民币有特别的水印标志，人眼透过光线观察时，图形清晰可见，立体感很强，而假币没有这些特点。

②摸　就是对有疑问的票币，用手摸纸张的质量、光滑程度，摸水印图案、花边、图徽版和平版的特点。真人民币有一种特殊的立体感，假币没有此特点。

③比　当手摸、眼看发现了可疑票以后，仍不能加以确定，就要用真票与可疑票仔细校对识别，以判明真伪。

（2）借助仪器识别　现在市场上验钞机种类很多，使用也很简单，如测磁仪用来检测磁性油墨标记，用紫外光检测荧光油墨标记。只要将钞票放置于仪器的指定位置，机器就可以告诉你是否是真币。

（二）常用购销业务凭单的填制

1. 收购凭证　收购凭证按照其用途可分为专用式和通用式2种。

（1）专用式收购凭证　专用式收购凭证是为收购某种农副产品而特殊设计的凭证，其格式灵活，可以根据需要设计。见表3-1。

表 3-1 生猪收购凭证

交售人：叶青   2002 年 5 月 16 日   编号：7064

等级	头数	毛重(kg)	单价	金额	估计出肉	
					kg	出肉率
一等	4	326	9.50	3097.00	228.2	70%

人民币（大写）叁仟零玖拾柒元整

(2) 通用式收购凭证 适用于收购一般农产品。格式见表 3-2。

表 3-2 收购凭证

交售人：威力   2003 年 5 月 6 日   编号：1032

品名	规格	单位	数量	单价	金额
土豆	一级	kg	750	0.60	450.00

人民币（大写）肆佰伍拾元整

如收购单位是增值税一般纳税人，向农业生产者收购免税农产品时，需要计算应抵扣增值税进项税额，必须按规定开具向主管税务部门领购的收购统一发票，格式见表 3-3。该发票一般为 1 式 5 联，依次分别为存根、发票、抵扣计算凭证、记账凭证和付款凭证。收购农产品时必须用双面复写纸全部 1 次复写，并按各联规定用途传递使用。

2. 销售凭证 经营单位销售农产品，应在确认销售收入时向购买方开具发票。增值税一般纳税人向同是一般纳税人企业销售农业产品，必须开具增值税专用发票，格式见表 3-4。该发票一般为 1 式 4 联，依次分别为存根联、发票联、抵扣联和记账联。开具时必须用双面复写纸全部 1 次复写。填写时特别要注意：单价栏必须是不含税价，金额栏是不含税销售收入，以其乘以规定税率，税额栏就是增值税销项税额。增值税一般纳税人向非一般纳税人销售农业产品，或增值税小规模纳税人销售农业产品，不得开具增值税专用发票，而应开具向主管税务部门领购的普通发票，格式见表 3-5。

表3-3 省农副矿产品收购统一发票　　NO：

年　月　日

销售人姓名		身份证号								
住　　址				合同号						
产品名称	等级	单位	数量	单价	金　额						备注
					万	千	百	十	元	角	分	

| 人民币（大写） | 万　仟　佰　拾　元　角　分　￥：＿＿＿＿＿ |

开票人：　　　　收款人：　　　　收购单位（未盖章无效）

（98041４）第一次印伍仟册×25份　第一联　存根

表3-4 增值税专用发票

2200073140　　№ 00590513

开票日期：

购货单位	名　　称：			密码区			
	纳税人识别号：						
	地址、电话：						
	开户行及账号：						
货物或应税劳务名称	规格型号	单位	数量	单价	金额	税率	税额
合　　　计							
价税合计（大写）						（小写）	
销货单位	名　　称：			备注			
	纳税人识别号：						
	地址、电话：						
	开户行及账号：						

收款人：　　　复核：　　　开票人：　　　销货单位：（章）

国税函（2007）777号北京印钞厂　第一联：记账联　销货方记账凭证

表3-5 吉林省商品销售统一发票

存 根 联　　长发票代码 122010720963
　　　　　　春发票号码

开票日期：　　年　　月　　日

购货单位（人）										
纳税人识别号										
商品名称	单位	规格	数量	单价	金额					备注
					百	十	元	角	分	
合计金额（大写）	佰　　　拾　　　元　　　角　　　分				￥：					

吉省国税票印字2007005—2号第1批第3次印30000本

① 存根联

第三节　商务谈判与签约

一、概念

（一）谈判

谈判是指人们为了满足各自需要或者为了妥善解决某些问题所进行的协商活动。

谈判广泛地存在于人类活动的各个方面，在社会政治、经济、军事、外交和日常活动中，随时随地都在发生着各类谈判。

（二）商务谈判

商务谈判是指具有法人资格的交易双方，为了实现各自的目的（需要），围绕涉及双方标的物（商品或者劳务）的交易条件，借助思维、语言、文字进行的沟通和协商，最后达成一项双方都能接受的协议的行为和过程。

(三) 商务谈判种类

包括为了实现产品购进或销售而进行的常规性谈判，也包括为实现营销目的而开展的各种谈判，如联合、兼并和合作等。

二、商务谈判的特点

(一) 以获得经济利益为目的

商务谈判更加重视谈判的经济效益。在商务谈判中，谈判者都比较注意谈判所涉及的成本、费用和效益。所以，人们通常以获取经济效益的多少来评价一项商务谈判的成功与否，不讲求经济效益的商务谈判没有任何价值和意义。

(二) 以价值谈判为核心

商务谈判涉及的因素很多，谈判者的需求和利益表现在众多方面，但价值几乎是所有商务谈判的核心内容。因为在商务谈判中价值的表现形式——价格最直接地反映了谈判双方的利益。谈判双方在其他利益上的得与失，在很多情况下通过价格的升降得到体现。

(三) 更加注重合同条款的严密性与准确性

商务谈判的结果最终由双方协商一致的协议或合同体现。合同条款实质上反映了各方的权利和义务，合同条款的严密性与准确性是保障谈判获得各种利益的重要前提。

如果在拟订合同条款时，没有注意合同条款的完整、严密、准确、合理和合法，其结果会被谈判对手在条款措辞或表述技巧上引入陷阱，这不仅会把到手的利益丧失殆尽，而且还要为此付出惨重的代价。因此，在商务谈判中，谈判者不仅要重视口头上的承诺，更要重视合同条款的准确和严密。

三、商务谈判的原则

(一) 依法办事

在商务谈判中，利益是各方关注的核心。对任何一方来说，大家讲究的都是"趋利避害"。在不得已的情况下，则会"两利相权取其重，两害相权取其轻"。无论如何，不能为了实现利益而触犯法律。

（二）平等协商

谈判各方在地位上应平等一致、相互尊重。不允许仗势压人、以大欺小。谈判各方在谈判中通过协商求得双赢，而不是通过强制或欺骗来达成一致。

（三）适当妥协

任何一次商务谈判中，都没有绝对的胜利者和绝对的失败者。有关各方通过谈判，多多少少总会获得或维护自身的利益，也就是说，大家在某种程度上通过彼此妥协、互相让步来达成双方都可以接受的结果。

（四）互利互惠

在商务交往中，谈判一直被视为是一种合作或为合作而进行的准备。因此，商务谈判最圆满的结局，应当是谈判的所有参与者各取所需、各偿所愿，同时也都照顾到其他各方的实际利益，是一种多赢的局面。

（五）就事论事

商务谈判过程中一个重要原则是就事论事。无论双方为了维护各自的利益争论多么激烈，也不管讨价还价多么苛刻，但对对方的态度始终应以礼相待，绝对不能话不投机、恶言相向，甚至进行人身攻击，"买卖不成仁义在"，要从长远的角度考虑问题。

四、商务谈判的基本内容

（一）商品的品质、数量和包装

1. 商品的品质　指商品的内在质量和外观形态。其中内在质量包括商品的物理和机械性能、化学成分的构成和生物学特征等；外观形态表现为商品的造型、图案、色泽和味觉等。品质是决定商品价格高低的重要因素之一。

商品品质可以用规格、等级、标准、样品和商标等方法表示。

（1）商品规格是反映商品品质等方面的技术指标。

(2) 商品等级是同类商品质量差异的分类,通常用一、二、三或者甲、乙、丙等数码、文字或者符号表示。

例如:现在按我们国内的生产标准柑橘主要分为 4 个等级。一等品、二等品、三等品和等外品。一等品的要求是果实的横径大小在 6.5cm 以上,二等品要求是 6.0cm 以上,三等品要求是 5.5cm 以上。

(3) 商品的标准(见第二章)。

(4) 样品能够代表交货商品品质的少量实物。品质条件是合同中的主要条款。对制定品质条款应该注意:一是品质条款要具体明确,切忌使用模棱两可、含糊不清的词句;二是要根据商品的不同属性,正确选用品质的表示方法;三是优质优价,按质论价。

2. 商品的数量 指按照一定的度量衡表示出商品的重量、个数、面积和容积等的量。在谈判中要明确规定交易的数量和计量单位。对按重量计算的商品在明确交货数量的同时,还要注明计量方法,要写明是按照毛重还是净重计算,以及毛重的计算方法。对于大宗商品和不能精确计算数量的商品或者农副产品要在合同里注明机动幅度。

3. 商品包装 交易的商品多数需要包装,包装起到宣传商品、保护商品、便于运输和消费的作用,包装也是商务谈判的重要内容。谈判中双方要根据交易商品的特点、运输工具、货物运经地区和气候以及市场习惯等因素,确定包装材料和形式、装潢设计、包装标志、包装费用等事项。

(二) 商品装运、保险和商品检验

1. 商品装运 装运涉及运输方式、运输费用、装运与交货的时间和地点等问题,这是谈判的重要内容。谈判的具体内容包括:运输方式的选择(公路、铁路、水路、航空、管道);运费的计算(依据重量、体积、价格);装运时间与交货时间(注明在某年某月某日之前为宜)的确定。

2. 保险 商品在运输、装卸、储存过程中可能会遇到各种风险，为了保障在商品受损时可以获得经济上的补偿，有必要对商品进行保险。

在谈判时，双方要明确风险的划分，确定由谁办理保险手续和支付保险费用以及双方与保险公司的关系等事宜（在对外贸易中要争取在我国保险）。

3. 商品检验 商品检验是对交易商品的品质、数量、包装等项目按照合同规定的标准进行检查和鉴定。在谈判中，双方必须明确：规定商品检验的具体内容和方法；确定商品检验的时间和地点；确定商品检验机构和检验证明。

（三）价格和支付

1. 价格 商品价格是商品价值的货币表现，是商务谈判中最重要的内容。价格由单价和总值构成，单价由以下4部分构成：

（1）计量单位 即计算商品数量的单位。

（2）计价货币 即计算商品价格时使用的标准货币。

（3）单位金额 即商品每一计量单位以计价货币表示的金额。

（4）价格术语 是国际贸易中代表不同价格构成以及责任、费用、风险的一种术语。常用的有装运港船上交货价（FOB），成本加运费价（CFR），成本、保险费加运费价（CIF）。

例如：一级松香 每公吨 420 英镑 CIF 伦敦

2. 支付 在谈判中应该确定货物结算方式及结算使用的货币、结算时间和地点等事项。结算方式分为现金结算和转账结算。转账结算分为同城结算和异地结算。异地结算分为托收、汇兑和信用证等方式。

（四）保证条款

保证条款指在商务谈判中对卖方所作保证进行检查和制约的一种条款形式。其主重要内容是担保，包括保证人、定金、留置权3种形式。

1. 保证人 保证人是保证一方履行义务的第三者。

2. 定金　定金是当事人一方在合同履行前，在合同规定应给付的数额以内预先给对方一定数额的货币（定金不同于预付款，因为无论哪一方违约，预付款应退还，但是定金则不然）。

3. 留置权　又称为扣押权，是指权利人按照合同约定占有义务人的财产，依照法律规定以留置财产的折价或者变卖该财产的价款优先得到偿还。

（五）索赔、仲裁和不可抗力

1. 索赔　索赔是一方认为对方未能全部或部分履行合同责任时提出要求对方赔偿。在谈判中要确定索赔依据（包括证据和出证机构）、索赔期限（向违约一方提出索赔的有效期限）、索赔金额（包括违约金和赔偿金）。

2. 仲裁　仲裁是指双方商定，在发生争议时自愿到第三方进行裁决。在谈判中要确定仲裁机构、明确仲裁决定是否为最终裁决、仲裁费用等。

3. 不可抗力　是指合同签订以后，由于发生了当事人不可预见的和无法预防的意外事故，造成合同无法履行。不可抗力包括自然力量引起的和社会力量引起的两种。谈判中应该确定不可抗力事故的范围、发生后双方的责任、出具事故证明的机构。

五、商务谈判的阶段

（一）开局阶段

开局阶段主要是指谈判双方见面后，在进入具体交易内容之前，相互介绍、寒暄的过程。开局阶段所占用的时间较短，谈论的内容也与整个谈判主题关系不大，但这个阶段却很重要，因为它为整个谈判奠定了基础。实践证明，在非实质性谈判阶段所创造的气氛会对谈判的全过程产生作用和影响，因此，谈判人员在此阶段的目的就是要为谈判创造一个合适的气氛，为谈判的后几个阶段打下良好的基础。谈判气氛的建立，应该服务于谈判的目标、方针和策略。

谈判内容、形式和地点的不同，谈判气氛也各不相同。通常应该是热烈中包含紧张、对立中存在友好、严肃中体现轻松。一般而言,通过开局阶段,可以初步感受到对方谈判人员的气质、个性、对本次谈判的态度以及准备采取的谈判方针等。另外,除了双方交谈的内容以外,双方接触的姿态、动作和表情,对于形成什么样的谈判气氛都有很重要的影响。

(二)报价阶段

报价阶段即指双方各自提出自己的交易条件,谈判进入到实质性阶段。谈判双方往往是经过各自互探对方的底细,在明确了交易的具体谈判目标和内容,以及确定磋商的基本议题之后,表明自己的立场和利益需求。

(三)磋商阶段

经过报价阶段后,双方各自提出交易条件。在双方交易条件的对比过程中,必然存在某些分歧和矛盾,双方就必须进行讨价还价,这就进入了磋商阶段。在磋商阶段,或者自己放弃某些利益,或者要求对方放弃某些利益,也可以双方进行利益交换,或同时放弃某些利益。这样,经过一系列反反复复的磋商,使彼此的立场和观点接近或趋于一致。

(四)成交阶段

在谈判双方立场趋于接近,并最终达成完全一致的情况下,双方即可宣布成交。口头宣布成交后,可以以文字合同的形式,将全部交易内容和交易条件按照双方确认的结果规定记录下来。至此,本轮谈判即告结束。

六、签约

经过了一番讨价还价之后,双方取得了一致的意见,达成了某种协议。这种口头上的允诺,就是"拍板"。在较大的农产品交易中,一定要签约,也就是双方协商用书面的方式将谈判内容确定下来。协议的签订是谈判中最后一个环节,也是最重要的一个环节。

谈判协议的签订,必须注意以下问题:

（一）达成的协议，必须见诸文字

许多谈判后的争端是由于没有将协议形成文字引起的。仅凭口头协议，一方面在执行过程中容易被曲解，另一面如果发生纠纷，也无据可查。

（二）协议的文字要简洁，概念要明确，内容要具体

大多谈判后的争端是由于关键性的概念，使用了模棱两可、含糊不清的词语，或者重要的细节没有交代清楚而造成的。如时间、地点和数量的表述一定要准确、具体。

（三）不要轻易在对方拟定的谈判协议上签字

对方拟定的协定，不论有意无意，必然对他有利，应该详细地、谨慎地予以检查。必要时，要事先拟订协议草案，以便对照。在确信没有问题后方可签字。否则，草率签字后，容易落入协议陷阱。

（四）重大的营销谈判协议签订后要公证

协议签订后还应该让协议具有法律效力，通常是将协议经过公证部门公证。这样，一旦一方违反协议，经过交涉无效时，可以寻求法律解决。

练习题

1. 农产品生产的特点有哪些？
2. 农产品的经营具有哪些特点？
3. 简述农产品的采购方法。
4. 农产品的销售方式有哪些？
5. 不含增值税的农产品销售收入是如何计算的？
6. 手工点钞具体有几种方法？
7. 人民币真伪识别技术有哪两种？
8. 常用购销业务凭证有哪些？
9. 什么是商务谈判？商务谈判具有什么特点？
10. 商务谈判包括哪些基本内容？
11. 在签订谈判协议时应该注意什么问题？

第四章 农产品营销策略

第一节 农产品营销的产品策略

一、产品的概念

农产品营销中的产品概念和传统意义上的产品的含义有一定区别。传统意义上的产品一般指有形的实物,而农产品营销中的产品指的是提供给市场,用于满足人们某种欲望和需要的包括与农产品有关的生产、加工、运输、实物、服务、场所、组织、思想和主意等一切有用物。农产品的整体概念包含农产品的核心产品、农产品的形式产品和农产品的附加产品3个层次。

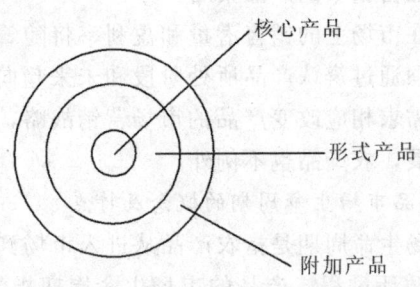

图4—1 农产品营销中的产品整体概念图

(一)核心产品

核心产品指消费者购买某种农产品时所追求的效用,是消费者真正要买的东西,因而在产品整体概念中也是最基本的、最主要的部分。消费者购买某种农产品,并不是为了占有或获得农产品本身,而是为了获得能满足某种需要的效用或利益。因此市场营销人员的根本任务在于向顾客推销农产品的实用效用。

（二）形式产品

形式产品指农产品的核心产品实现的形式，即向市场提供的农产品实体的外观。农产品的外观指农产品出现在市场时的形象。它由5个方面组成，即质量、特征、形态、商标和包装。农产品的基本效用必须通过某种具体的形式才能得以实现，但形式只有在完整地反映其实质时才有意义。

（三）附加产品

农产品的附加产品也称延伸产品，指消费者在取得农产品或使用农产品过程中所能获得的形式产品以外的利益，即顾客需要的产品的延伸部分与更广泛的服务。它包括提供产品信贷、免费送货、保证售后服务、农产品知识介绍和种子的栽培技术指导等。附加农产品概念来源于对市场需要的深入认识。消费者购买某种农产品，是为了满足某种需要，因而他们购买时希望能得到满足所需要的与农产品有关的一切服务。

二、农产品营销中的产品策略

一个产品在市场上的销售潜量和盈利率将随着时间的推移而变化。企业必须通过辨认产品所处阶段和未来趋向，以及根据产品特性和市场需求相应改变产品的市场营销战略，才能在动态市场中生存和发展，农产品也不例外。

（一）农产品市场生命周期的概念及特点

农产品市场生命周期是指农产品从进入市场到退出市场所经历的市场生命循环过程。产品的市场生命周期指的是市场寿命，而不是使用寿命。产品经过研发、试销，只有进入市场后，其市场生命周期才算开始，产品退出市场，虽然可能仍然能够使用，但产品生命周期已经结束。一般情况下，根据农产品销售变化的情况，可以把整个产品市场生命周期划分为4个阶段，即投入期、成长期、成熟期和衰退期。

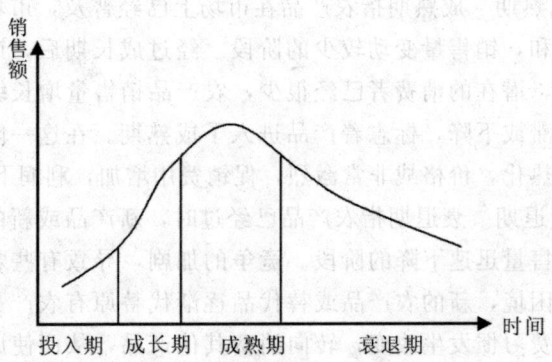

图4-2 农产品的市场生命周期曲线

1. 投入期 投入期指农产品刚刚进入市场,处于向市场推广介绍的阶段。此时,消费者对农产品还不了解,销售量很低,可能只有少数追求新奇的消费者购买,销售增长率低,一般不超过10%。为了扩大销售,需要投入大量的促销费用对农产品进行宣传推广。在这一阶段,由于技术方面的原因,农产品不能大批量生产,因而平均到每个产品上的成本高,农业企业的销售额增长缓慢,利润少,甚至有可能出现亏损。如绿色蔬菜的生产和销售在刚刚进入市场时,由于广大消费者对其还不太了解,购买意识不够,导致个别企业出现微利,所以应加强宣传。

2. 成长期 成长期指农产品已被消费者所接受,销售量迅速增加的阶段。随着投入期销售取得成功,农产品开始进入成长期。此时,消费者对农产品已经了解并接受,消费者大量购买,市场逐步扩大。农产品已经具备大批量生产的条件,生产成本相对下降,农业企业的销售额迅速增加,增长率超过10%,利润额也迅速增长。但是,在这一阶段,竞争也随着出现并逐渐激烈。销售和利润的迅速增长使有些企业看到有利可图,纷纷进入市场,参与竞争,使同类农产品供给量增加,价格随之下降,企业利润增长速度逐渐减慢,最后达到市场生命周期利润的最高点。

3. 成熟期　成熟期指农产品在市场上已经普及，市场容量基本趋向饱和，销售量变动较少的阶段。经过成长期后，市场需求逐渐饱和，潜在的消费者已经很少，农产品销售量增长缓慢甚至有可能停滞或下降，标志着产品进入了成熟期。在这一阶段，竞争达到白热化，价格战非常激烈，促销费用增加，利润下降。

4. 衰退期　衰退期指农产品已经过时，新产品或新的替代品出现，销售量迅速下降的阶段。竞争的加剧，导致有些农业企业经营陷入困境，新的农产品或替代品逐渐代替原有农产品，使消费者的消费习惯发生改变，转向消费其他产品，从而使原有的农产品销量迅速下降，利润额迅速减少，标志着农产品已经进入衰退期。

需要说明的是，图4-2给出的是农产品市场生命周期的一般规律，实际上由于受到各种主客观因素的影响，某些产品并不是按照市场生命周期的正常规律变化。有的农产品由于决策失误，刚上市不久就被淘汰，没有经过成长期、成熟期而直接进入衰退期；有些农产品因长期无新产品或替代品与之竞争，或虽有新产品或替代品上市，但不能完全取代而淘汰原来的农产品，致使原农产品的成熟期会无限延长。

（二）各阶段的营销策略

1. 投入期的市场营销策略　在农产品投入期，由于消费者对农产品比较陌生，企业必须通过各种手段把农产品投放市场，力争提高本企业农产品的知名度。此时，营销的重点主要集中在促销和价格上。具体可采取以下4种策略：

（1）快速掠取策略　指高价格、高促销费用策略。农业企业在制定高价格的同时，开展大规模的促销活动，以求迅速扩大销售量，取得较高的市场占有率。采用这一策略的条件是：大多数潜在消费者不了解该产品，已经了解的消费者急于求购，愿出高价；企业面临潜在竞争者和威胁，急需造势，以高价优质树立声誉，建立消费者对自己产品的偏好。

(2) 缓慢掠取策略 指高价格、低促销费用策略。这种策略可使农业企业获取更多的利润。采用的条件是：农产品的市场规模较小，竞争威胁不大，市场上大多数消费者愿意支付高价购买产品。

(3) 快速渗透策略 指低价格、高促销费用策略。目的是迅速扩大市场，占有最大的市场份额。采用的条件是：该农产品市场容量大；潜在消费者对产品不了解，且对价格十分敏感；潜在竞争比较激烈；农产品单位成本随着生产规模和销售量的扩大而迅速下降。

(4) 缓慢渗透策略 指低价格、低促销费用策略。目的是在市场竞争中以廉价取胜，稳步前进。采用的条件是：市场容量大；消费者对价格比较敏感；有相当多的潜在竞争者。

2. 成长期的市场营销策略 农产品进入成长期后，消费者的使用量大幅度增加，企业的销售量和利润都大幅增加。但是，竞争也逐渐加剧。此时，企业的重点是继续扩大市场占有率，树立农产品和企业形象。可选择的策略有以下几点：

(1) 改善产品品质 如改进农产品的质量，增加农产品花色品种等。提高农产品的竞争力，满足消费者更广泛的需求，吸引更多的顾客。

(2) 寻求新的细分市场 加强市场调研，运用细分化策略，找到新的尚未满足的细分市场，根据细分市场的需要组织生产，不断开辟新市场。

(3) 改变广告宣传的重点 广告要从介绍农产品转移到宣传特色、树立新产品形象上来，确立农产品的"知名度"，维系老顾客，吸引新顾客。

(4) 在适当的时机采取降价策略 激发那些对价格比较敏感的消费者产生购买动机和采取购买行为。

3. 成熟期的市场营销策略 农产品进入成熟期后，市场容量基本饱和，销售增长率较低。在成熟期后期，可能出现负增长。

这一阶段,企业重点应放在保持农产品的市场份额上,并努力延长农产品的市场生命周期。企业可采取的策略有以下几点:

(1) 市场改良 这种策略不是改变农产品本身,而是发现农产品的新用途或改变推销方式等,以使农产品销售量得以扩大。采用这种策略可以从3个方面考虑:

① 寻找新的细分市场,把产品引入尚未使用过这种农产品的市场,重点是要发现农产品的新用途,应用于其他领域,延长成熟期。

② 寻找能够刺激消费者增加农产品使用频率的方法。

③ 市场重新定位,寻找有潜在需求的新顾客。

(2) 产品改良 即以产品自身的改变来满足消费者不同的需要,吸引有不同需求的消费者。营销市场中农产品任何一个方面的调整都可视为是农产品的再推出。

(3) 市场营销组合改良 即通过对农产品产品、定价、渠道和促销4个市场营销组合因素加以改良,延长农产品的成熟期。如在提高农产品质量、增加花色品种的同时,通过降低价格、购买折扣、补贴运费、延期付款、增加广告宣传、增设分销网点和增加人员推销的规模等,提高企业的竞争力。

4. 衰退期的市场营销策略 当农产品进入衰退期时,企业既不能一弃了之,也不能恋恋不舍,需要认真研究分析,决定采用什么策略,在什么时间退出市场。可选择的策略有以下几点:

(1) 持续营销策略 继续沿用过去的策略,在目标市场、价格、分销渠道和促销活动等方面保持原状。由于众多的竞争者纷纷退出市场,现有的顾客会集中到少数保持经营的企业,企业可以通过提高服务质量,发扬经营特色,销售量有时会继续维持。

(2) 集中营销策略 企业把能力和资源集中到最有力的细分市场和销售渠道上,缩短经营路线,从中获取利润。

(3) 缩减营销策略 精简营销人员,大幅度降低促销费用,从忠实于本企业农产品的顾客中获取眼前利润。

(4) 放弃营销策略　对于衰退比较迅速的农产品，企业应考虑放弃经营，把农产品完全转移出去或立即停止生产，也可以采取逐步放弃的方法，使其所占有的资源逐步转移到其他产品。

三、新产品的开发与创新

农产品和任何事物一样，都具有出生、成长、成熟以及衰亡的生命周期。因此，企业不能只顾经营现有产品，必须防患于未然，采取适当的步骤和措施开发新产品。这是企业提高竞争力的重要因素，也是企业市场营销活动的重要任务之一。

(一) 新产品的概念及开发意义

1. 概念　市场营销中"新产品"的概念比科学技术领域"新产品"的概念内容要广泛得多。它是指在原理、结构、物理性能、化学成分、材料、功能和用途等某一方面或几方面，与原有产品比较有显著特点。具体地说，新产品可分为4种。

(1) 全新产品　指应用新原理、新技术、新结构制造出的前所未有的产品，如转基因大豆等食品的发明，这样的新产品是极为难得的。因为任何一项科学技术上的发明从理论到技术，从实验室到生产，需要经历很长时间，花费巨大的人力和资金，绝大多数企业难以提供这类新产品。

(2) 换代新产品　主要指在原有产品的基础上，部分采用新技术、新材料制成的性能有显著提高的新产品。

(3) 改进新产品　指对原有产品在结构、包装或款式等方面做出改进的新产品。如新疆哈密瓜过去只能鲜销或制成哈密瓜干，为扩大市场，又开发出瓜脯、瓜酱和瓜汁等产品，这类产品与原有产品差距不大，进入市场后也容易被市场接受。但由于这种创新比较容易，企业之间的竞争也就更加激烈。

(4) 仿制新产品　指对市场已有的产品仿制后加上企业的品牌和商标后第一次生产的产品。从市场竞争和企业经营上看，在新产品的发展中，部分仿制和全面仿制是不可避免的。仿制产品能缩短产品开发时间，降低设计成本，同时又能保证市场接受。

如山东寿光市的西红柿,原来都是大果型的品种,近年来引进了以色列的"圣女"、"朱丽"等樱桃西红柿小果形品种,其性状好,口感佳,深受消费者喜爱。但由于仿制产品需要付出一定的代价购买专利,企业从中得到的收益一般不大。

2. 开发意义　开发新产品,无论对于社会还是对于企业本身,都具有重要意义。

(1) 有利于及时适应和满足消费者需求的新变化　企业生产经营的目的是满足消费者的需求,而人们的社会需要又是随着社会的发展而不断变化的。当今时代,消费需求的变化周期越来越短。很多产品原来几年、十几年一贯制,现在一两年、甚至几个月就发生变化。因此,企业只有不断创造新产品,才能不断适应这种需求变动的趋势。

(2) 有利于企业在激烈的市场中增强竞争实力　开发新产品可增加企业产品在市场上的占有率,在顾客心中维护企业的声誉和形象,增强企业的竞争力。不管一个企业的市场地位多么稳固,如果不注意改进产品,肯定要被淘汰。在目前的市场上,企业之间的竞争,不仅表现在价格、促销手段方面,还大量地表现在产品的设计、包装上,并且,消费者对产品的评估更注重的是产品的质量、功效、外观及服务,只有引起消费者兴趣的新产品,才会更受到他们的欢迎。

(3) 有利于企业减少风险,充分利用企业资源,提高企业的经济效益　大多数企业虽然经营多种产品,但企业的大部分盈利往往集中在少数几个产品上。在现代市场中,产品市场生命周期越来越短,一旦企业的主要盈利产品进入衰退期,企业的利润就会大受影响。因此,企业只有不断开发新产品,使自己拥有更多的拳头产品,才可能减少当原有产品一旦出现市场疲软而引起的风险。同时,企业通过开发新产品,能够充分利用现有的人力、物力、财力资源,增加收入和提高经济效益。

（二）开发原则

为使新产品尽可能成功和发展，满足市场要求，新产品开发应遵循以下原则：

1. 新产品必须有市场潜力　新产品开发是从营销观念出发所采取的行动，因此首先必须要适应社会经济发展的需要，开发适销对路的产品。没有市场的产品，对企业而言再新也没有任何意义。

（1）有特色　有特色包括式样新、功能全或高能化等。

（2）节能、小型和标准化　新产品能耗小，可以减少消费者的使用成本。小型化则是在功能不变的情况下尽可能细小轻便，便于使用，或者是体积重量略增而功能大大提高。标准化则是指产品结构、形式等力求精简、标准，达到产品系列化、标准化、通用化，便于使用。

（3）使用安全、质量可靠　新产品必须具有一定的可靠性，保证常规使用不会给消费者造成伤害。

2. 新产品开发必须有开发和生产能力　新产品的开发是一项高风险、高投入的活动，不能盲目进行，而必须同时考虑企业的开发能力以及开发出来后的生产能力。

3. 抓好新产品开发管理　新产品开发是一项非常复杂的活动，资源消耗大，因此必须抓好开发管理，提高开发效率。

（三）开发过程

为了减少新产品开发的风险，开发工作不但要遵循正确的原则，还要坚持科学的过程。尽管目前还很难找到一套现成的过程适用于所有的企业，但新产品开发一般应经过以下7个阶段：

1. 构想的形成　产品设想来源于各个方面。一是顾客，顾客的需求是寻求新产品构想的重要来源，企业可以通过直接向顾客调查以及接待顾客来信来访，了解他们的需求。二是科技人员，他们的科技攻关对企业开发新产品非常重要。三是竞争对手，从竞争对手的产品中可以看出哪些产品受顾客欢迎。四是企业的推销人员和经销商，由于他们经常与顾客接触，因此他们了解市场需求。五是发明专利权代理人、大学及科研机构、市场营销研究机构等。

不管构想来自哪里，其产生不外乎 4 种方式：灵感、偶发事件、顾客需求与创造技巧，企业应注意发现顾客需求，广泛收集新产品的开发素材。

2. 构想的筛选　企业在形成对新产品构想的基础上，必须对出现的新产品构思进行筛选，既要防止对那些好的设想的潜在价值估计不足，以致漏选而失去机会，又要防止误选了缺乏营销前途的设想，以致造成失败。因此，应制定新产品设想评价表，就质量目标、技术水平、市场规模、竞争状况、技术能力和资源状况等项目逐一进行评价。要尽可能吸收企业各个部门有经验的管理人员和有关专家参加，正确地确定评价项目及标准，以提高筛选的准确程度。

3. 概念产品的形成与检验　筛选后的构想需经过进一步的开发程序，已形成具体的概念产品。概念产品是企业欲使顾客接受而形成的关于产品的一种主观意志，而产品构想只是形成产品的一种可能性。一种产品构想可能衍生出多种概念产品。概念产品形成后，还要进行概念的检验。可邀请潜在的顾客及专家对概念产品进行讨论评价，根据他们提出的问题和意见，与相似产品的属性相比较，最后通过实物模型和文字表达出来。

4. 经营分析　对已基本定型的概念产品进行分析论证，主要分析其可能的成本、需求量和盈利水平。成本分析包括生产成本和推销成本，需求分析则是测算市场需求潜量与销售潜量以及消费者购买能力与购买欲望。只有同时具备了购买能力和购买欲望，才能实现销售。

5. 制出样品　指把概念产品转化为实物产品的试制过程。在这个阶段，既要制出样品实物，又要设计好商标及包装，还要进一步检查新产品中存在的问题，检查和判断概念产品在技术和商业上的可行性，以决定是否继续试制或及时加以改进。

6. 市场试销　新产品的样品经过部分顾客试用基本满意后，企业可根据改进后的设计进行小批量试生产，在有选择的目标市场中做检验性试销。常见的销售方法是销售波法。该方法是先向消费者提供样品免费试用，然后再以低价提供产品给消费者，与此同时，也将竞争对手的产品一起提供给消费者，如此重复 3～5 次来检验产品效果。通过对销售波结果的分析，评价消费者对产品的满意程度，从而决定是否正式生产，以实现产品的商品化。但新产品试销有时不一定能正确反映市场需求，试销的代价很大，容易泄漏企业的新产品信息，易被竞争对手利用。

7. 正式生产，投放市场　新产品试销或试用成功后，应根据收集到的顾客意见，进一步提高产品的功能和质量，对产品的整体设计再做进一步修改，然后，即可大批量生产，这时企业应注意以下问题：

（1）正确选择投放市场的时间　投放时间对新产品能否成功进入市场相当重要，时机不对，可能导致企业的整体利益受损，一般有 2 种选择：一是企业新产品试制成功后，以最快的速度把产品推向市场；二是新产品试制成功后，不急于投放市场，而是等待销售时机。后者多属于换代产品。

（2）正确选择投放地区　新产品不一定立即向全国市场投放，可以先向某一地区市场推出，进行集中性的广告宣传，取得相当的市场占有率后，再扩大到其他市场。

（3）正确选择目标市场　新产品的潜在消费者有 4 种类型：最先采用者、大量购买者、有影响的带头购买者和对价格比较敏感的购买者。企业应根据新产品的特点，选择最有潜力的消费者群作为自己的目标市场。

产品开发的影响因素很多，风险很大，企业应遵循一定的原则和程序，以使企业在竞争中占据更大优势。

第二节 农产品营销的价格策略

一、定价目标和定价程序

农产品价格是影响市场需求和购买行为的主要因素之一，也直接关系到农产品生产经营者的收益水平。价格策略是农产品市场营销活动的重要组成部分。

农产品价格的制定可分为 2 大类：一类是政府定价，农产品生产经营者对所出售的农产品价格没有决策权，如我国曾长期实行过的粮油国家统购统销价；另一类是农产品生产经营者定价，依据农产品质量、市场供求状况等因素决定其价格。农产品定价目标与程序以农产品生产经营者对其产品是否具备定价权利为前提条件。

（一）定价目标

农产品定价目标是农产品生产经营目的的具体化和数量化。农产品定价目标受农产品经营者和市场定位决策的制约，市场定位不同，其定价目标也不同。当选择了农产品目标市场并对市场进行定位后，定价策略也就明确了。农产品定价目标越明晰，制定其价格就越容易。农产品定价目标主要有以下几点：

1. 国家需要　农产品，尤其是粮食等基本农产品，对国民经济的发展与社会的稳定具有重要战略意义。在食品短缺情况下，农业生产者和农产品经营者均无权对这些农产品定价，由国家根据当时国民经济与社会发展的需要而定价。

2. 政府对农业生产者的利益保护　政府为了支持和保护农业发展，维系农产品的正常生产供应和市场价格水平，需要对农业生产者给予价格补贴，限制农产品收购的最低价格，如市场保护价等。

3. 维持或提高市场占有率　农产品市场占有率在很大程度上决定着生产经营者的竞争力和经营绩效，甚至从长远看决定着生产经营者的命运。为了保持原有市场份额,需要生产经营者在较长时间内维持低价,进行促销,力求排挤竞争对手,保持其农产品的销售量与销售额稳步增长;或者应对竞争对手的进攻;或防止新的竞争者进入市场。以市场占有率为定价目标,农产品生产经营者需分析自身的经济实力和市场条件。如果没有足够的资金和成本优势为基础,或其生产能力和市场份额的扩大不相适应,或所生产的农产品市场生命周期过短,或市场需求容量不大,就不宜以这一目标作为定价目标。

4. 目标投资收益率　在正常情况下,每一个生产经营者都会追求一定的利润目标,这些目标通常是以投资收益率或资产收益率来评估的。农产品生产经营者可供选择的利润目标一般有3种。

(1) 长期利润目标　此是生产经营者制定的正常的行业价格,但却生产优质的农产品,将来可渗透、打入到竞争者的市场中去。

(2) 最大当期利润目标　一般是根据已知的需求成本情况,制定一个在当季或当年可获得最大利润的价格。

(3) 固定利润目标　农产品生产经营者在投资前制定一个具体的利润目标,以保证获取固定的投资收益。

5. 求生存,应付竞争　当农产品生产经营者受到生产能力过剩、市场竞争激烈和消费需求变化等因素困扰时,往往会把求生作为主要的追求目标。此时需注重收集市场上同类产品的质量和价格信息,将竞争产品与自己的产品进行比较,以低于竞争者的价格出售,必要时还可低于成本价销售。这种定价策略更适合于那些产品无质量优势、但综合经济实力强或市场定位富有特色的农业生产经营者。

6. 树立产品形象　产品在公众心目中的形象构成了生产经营者的无形资产,以此为定价目标可收到意想不到的效果。实现这一目标,需综合应用多种市场营销策略与价格策略相互配合,不仅使价格水平与消费者对价格的预期彼此相符，而且力求使这一信息得以广泛传播。如绿色食品、保健食品等优质农产品，宜实行较高价格，树立高品质形象。

（二）定价程序

在选择合适的定价目标后，需要对农产品的市场需求、成本、市场价格进行测定，然后确定最终价格。

1. 测定市场需求 主要测定目标市场上消费者对拟投放市场的农产品价格的主观评价，不同营销变量组合对应的农产品需求量，不同价格条件下农产品的需求量和需求价格弹性，为后续定价的顺利进行提供依据。

2. 测算成本 根据成本类型，分析不同生产条件下生产成本的变化，估计不同营销组合下的农产品成本，以此作为定价的依据之一。

3. 分析竞争者的产品和价格 通过调查顾客对市场上竞争者销售的农产品的态度、价格等办法了解这些情况。重点调查分析同一产品，竞争者的产品质量、价格水平、可能做出的反应和替代产品的生产等有关情况。

4. 选择定价方法，确定最终价格 获取上述资料后，产品价格区间就基本上可以确定。产品成本决定了产品价格的底线，竞争者的价格和代用品的价格以及自己产品所独有的特色为估算其最高价提供了依据。产品价格上下限区间确定后，还需参考营销组合的其他因素，并且参考价格水平是否符合国家有关的政策法规以及对自身市场经营的影响，在此基础上最终确定价格。

二、价格策略

农产品生产经营者为其产品定出基本价格后，在营销过程中还需要根据市场供求状况、交易条件和竞争对手情况等因素的变化，及时调整自己产品的价格，以掌握营销的主动权。

（一）价格折扣与折让

为了刺激或报答顾客的某种行为，如预先付款、批量购买和

淡季购买等,营销者通常要对基本价格做适当的调整,实行折扣和折让价格,即实行让利。常见的折扣与折让方式有以下几种:

1. 现金折扣　是对那些及时付清账款的购买者的一种价格折扣。这种折扣不是对某固定的客户,而必须是保证给所有符合这些条件的客户。这样的折扣有助于改善和销售商品的现金周转和减少赊欠和坏账损失。

2. 数量折扣　是销售商因买方购买量大而给予的一种折扣。例如购买5kg以内的鸡蛋,每千克价格为5元,购买5kg以上,则每千克4.8元。同样,数量折扣也必须是给全部的顾客,但是折扣额不能超过销售者大量销售所节省的成本,这些节省包括销售、储存和运输降低的费用。数量折扣可激励顾客从某一特定的销售者那里购买更多的产品。

3. 功能折扣　功能折扣又称贸易折扣。是产品生产者和加工商向中间商提供的折扣。根据中间商的不同类型和不同的分销渠道所提供的不同服务,给予不同的折扣。但是,生产、加工商必须在每一交易渠道中提供相同的功能折扣。

4. 季节折扣　是对在淡季购买产品的顾客降低价格,以维持均衡生产经营。

5. 折让　是根据价目表给顾客的价格折扣的另一种形式。是卖方为了报答经销商参与广告和支持销售活动所支付的款项或给予的价格折让。如在牛奶的营销中,卖方常给经销商一定的折让,以答谢其所付出的劳动。

(二) 差别定价

差别定价是根据交易对象、交易时间和交易地点等的不同,对某一种产品制定出两种或多种不同的价格,以满足不同顾客的需要,从而达到扩大销售、增加收益的目的。这样做,即使价格上有差别,但成本也许相同。差别定价法的形式主要有以下几种。

1. 顾客细分定价　这种方式是对同样的产品或服务,对不同的顾客采取不同的价格。如农业生态游，对本地区居民和外地旅游者实行不同的门票价格；即使是本地游者，也有政府部门与非政府部门之分。这主要是因为政府部门经常会将所接待的客人带至生态游区，客源稳定、充足。

2. 产品种类定价　这种定价方式是在产品质量和成本相同而花色或样式不同的情况下，对不同类（花色或样式）的产品制定不同的价格。如同样的皮蛋，散装每枚0.35～0.45元；袋装，并印上商标、厂址等简包装，每枚可卖到0.50～0.60元；4或8枚纸盒简包装，每枚可卖到0.60～0.70元；50枚精包装，可卖120～150元，每枚高达2.40～3.00元。

3. 形象定价　有些生产经营者根据不同的形象给同一种产品定出不同的价格。例如将同种果汁装入不同造型的瓶子，分别给予命名并制定不同的价格。

4. 部位定价　这种定价方式是对产品的不同部分制定出不同的价格，即使这些部位成本是一样的。如一只鸡的翅膀、大腿、鸡胸、鸡头、鸡爪、鸡脖子，不同的部位其价格也不同。

5. 时间定价　在这种定价方式下，不同季节、不同日期甚至在同一天的不同时间，同种产品可以有不同的价格。在鲜活农产品销售中，按时间定价的方式经常被采用。

（三）促销定价

促销定价通常利用节假日和换季时节把部分产品按原价打折出售，以促进销售。促销定价常采用以下方法：

1. 牺牲品定价　以少数品种作为牺牲品，将其价格定低，以吸引顾客进店，并希望这些顾客在购买这类商品的同时，也购买正常标价的商品。

2. 特别事件定价　销售者在某些特定的时间、场合、节日或社会活动日，将某些商品价格做较大幅度让利，以吸引大量的顾客。如在端午节，一些超市就将粽子降价销售。

3. 心理定价　心理定价策略是企业在制定价格时，运用心理学的原理，根据不同类型消费者的购买心理来制定价格。如尾数定价，对产品的定价不取整数，保留或有意制造尾数，这是因为保留尾数可以降低一位数价格。例如200g牛肉的定价为9.9元，而不是10元。对名牌农产品，可制定较高的价格。对许多日用农产品，如大米、食用油等商品宜按照习惯定价，不能频繁而又大幅度地变动价格，否则，会引起消费者不满。

4. 地理定价 地理定价是指农产品生产经营者在产品的销售中，根据不同地区的特点，制定不同的价格。一般情况下，产品在本地销售，成本要低些，在异地销售，成本要高些。这时，就需要具体考虑：是否应向异地顾客收取高价，以收回较高的成本和潜在损失，从而冒失去这一地区市场的风险？是否不论地区远近，对同一产品规定同样的价格销售？对此，有以下几种定价方式可供选择：

(1) FOB产地定价 这种定价方式是指卖方负责将产品装运到产地的某种运输工具上交货，并承担此前的一切风险和费用。交货后的一切风险和费用则由买方承担。应用这种方式，有可能失去远方的顾客，因为路程太远定价就必然高，销售也就困难。

(2) 统一运送定价 与FOB产地定价相反，这种定价方式没有地区差价，对同种产品在不同地区均实行统一价格，运费按平均运费计算。其优点是简便易行，并可开拓异地市场，但对本地和近地区的顾客不利。

(3) 区域定价 这种定价方式是将产品的销售市场划分为两个或两个以上的区域，在每个区域内定一个价格。一般对较远的区域定价稍高。

(4) 基本定价 这种定价方式是把一些城市作为基点，按基点到顾客所在地的距离远近收取费用，而不管货物实际上是从何地起运的。

(5) 消化运费定价 这种定价方式是生产经营者急于同某位经销商或代理商做成生意，把实际运费全部负担或部分地承担下来，而不向或少向买方收取运费。

第三节 农产品营销的渠道策略

一、营销渠道模式
(一) 含义与作用

1. 含义　农产品营销渠道是指农产品从生产领域向消费领域转移过程中，由具有交易职能的商业中间人连接的通道。在多数情况下，这种转移活动需要经过包括各种批发商、零售商、商业服务机构（交易所、经纪人）在内的中间环节。在这一过程中，营销渠道包括实体、所有权、付款、信息和促销5个方面。

具有交易职能的商业中间人是介于生产者和消费者之间并独立于生产者之外的商业销售环节。其特征如下：

（1）商业中间人包括商业中间商（因为他们取得所有权）和代理中间商（因为他们帮助转移所有权），但不包括生产者自己设立的门市部或销售点。

（2）必须具有交易职能，因此商业中间人不包括诸如铁路、银行、广告公司和其他的辅助性营销组织。

需要注意的是，农产品营销渠道与农产品实体转移不同。农产品实体转移是指农产品的实际移动路线。例如，某菜市场向水产公司批发部购买一批海虾。为节省流通费用，减少鲜活海虾的死亡，海虾可能从虾场直接运送到菜市场，但其营销渠道并未发生变动。如下所示：

实体转移：虾场——菜市场

营销渠道：虾场——批发部——菜市场

农产品营销渠道与农产品实体转移有时交织在一起同时进行，有时则可能独立于实体转移而单独进行。如：在做期货交易时，农产品可能还没有收获，实体转移还没有进行，但营销活动却已经开始。

2. 作用

（1）促进生产，引导消费　农产品只有通过市场交换，才能到达消费者手中，才能实现其价值和使用价值，生产者才能盈利。营销渠道就是完成农产品从生产者到消费者的转移，起到桥梁和纽带的作用。对于生产者来说，不仅要生产满足消费者需要的农产品，还要正确地选择自己的营销渠道，做到货畅其流，发挥促进生产、引导消费的作用。

（2）吞吐商品，平衡供求　农产品营销渠道是由一系列商业中间人连接而成的。这些商业中间人在农产品供过于求的地区或季节，将农产品蓄积起来；在供不应求的地区或季节销售出去，起到吞吐商品、平衡供求的作用。由于农产品市场具有明显的地区性和季节性供求不平衡的矛盾，营销渠道上的商业中间人可以使这种矛盾得到缓和。

（3）加速商品流通，节省流通费用　一个生产企业依靠自己的力量出售自己的全部产品是不现实的。选择合适的营销渠道，利用商业中间人的力量销售自己的产品，至少可以带来2个方面的好处：一方面可以缩短流通时间，相应的缩短再生产周期，直接促进生产的发展；另一方面可以减少在流通领域中占压的商品和资金，加速资金周转，扩大商品流通，节省流通费用。

（4）扩大销售范围，提高产品竞争能力　农业企业仅仅依靠自己的力量直接向消费者出售产品，其销售范围和销售数量是非常有限的。如果将产品交由商业中间人销售，可运输到很远的地方，扩大产品的销售范围。同时，一些商业中间人也乐于为产品做广告，这样就可增加销售数量，提高产品的市场竞争力。

（二）农产品营销渠道模式

在庞大的社会产品流通网里，营销渠道十分复杂繁多，这一方面是由营销渠道本身的特点所决定，另一方面也是由参与市场营销活动的企业以及生产与消费矛盾的复杂性所导致的。因此，市场营销人员应该掌握营销渠道的模式，以便为生产者的产品选择最佳营销渠道。根据农产品本身的特点，农产品营销渠道有以下7种常见的模式：

1. 生产者——消费者·这种模式又叫直接渠道。指农业生产者将农产品直接出售给消费者，不经过任何中间商，是最直接、最简单和最短的销售渠道。

2. 生产者——零售商——消费者 这种模式也称一层渠道。指农业生产者将农产品出售给零售商，再由零售商转卖给最终消费者。中间经过一道零售环节。

3. 生产者——批发商——零售商——消费者 这种模式为大多数中、小型企业和零售商所采用。农业生产者将农产品出售给批发商（可以有几道批发环节），再转卖给零售商，最后出售给消费者。我国大部分农产品通过这种渠道流通。农产品由产地批发企业收购，再转手批发给当地零售商，或者送到城市批发企业做二次批发。

4. 生产者——收购商——批发商——零售商——消费者 这种模式是在生产者和批发商之间又经过一道收购商环节。农产品的收购商有2类：一类是基层商业部门设立的独立核算的收购站和供销社。他们收购农副土特产品，然后交给市、县的商业批发企业；一类是个体商贩。他们走街串镇，收购农副产品，然后转交给批发企业。如很多个体商贩到各地农村收购药材，然后转卖给当地批发企业。

5. 生产者——加工商——批发商——零售商——消费者 这种模式是生产者将农产品出售给加工商，而不是收购商。这种模式主要适合有些农产品在原始形态下不适合消费者直接消费，必须经过加工的产品。可以说，加工是整个产品流通过程中的主要环节，也是农产品营销渠道与工艺品营销渠道的主要区别之一。

6. 生产者——收购商——加工商——批发商——零售商——消费者 这种模式最适合需要加工的农产品，例如，在鸭鹅集中产区，分散在农村各地的禽羽收购商，将零星收购的禽羽卖给羽绒厂加工成羽绒制品。

7. 生产者——代理商——收购商——加工商——批发商——零售商——消费者 这种模式是在生产者和批发商之间增加了代理商、收购商和加工商。如在我国有些农村地区，生猪收购环节中专门设置有代购代销员，他们按其收购额的一定比例提取手续费作为报酬。

以上是农产品营销活动中最基本的渠道模式，在农产品营销渠道模式中，常常由于产销形势和供求状况变化，某一种旧的渠道模式衰落或消失了，由另一种渠道取而代之。农产品营销渠道模式的兴衰交替，符合营销渠道发展的客观规律，需要我们深入进行研究。

二、营销渠道策略

（一）影响农产品营销渠道选择的因素

农产品营销渠道的选择是一个既复杂又具有策略性的问题。其复杂性表现在营销渠道模式不是长期处于稳定状态，而是经常随着产销状况和供求关系的变化而有所变动；同时，由于种种原因，生产者和经营者对选择的渠道也不能完全加以控制。其策略性表现在影响农产品营销渠道的因素很多，只有对各种因素进行仔细分析，综合研究与判断，才能做出适当的决策。生产者和经营者在选择农产品营销策略时，要考虑以下3种因素：

1. 产品因素

（1）产品的单位价格 一般来说，农产品单价越低，营销渠道应越长；反之，农产品单价高，营销渠道应短些。

（2）产品的体积与重量 体积过大或过重的农产品，应选择较短的分销路线，最好采用直接营销渠道；体积小而轻的农产品，一般数量较多，有必要设置中介环节。

（3）产品的自然属性 大多数农产品具有易腐、易损和易死亡等特点。营销渠道应该尽可能短些、宽些，以减少损失。

（4）产品的季节性 季节性强的农产品，应充分发挥中间商的作用，以便更好地推销。要在上市旺季多储存，以备淡季之需，其营销渠道应长些，以解决农产品的季节性生产和常年性消费之间的矛盾。

（5）产品数量　可以提供的农产品数量越多，就越需要通过中间商销售；反之，数量少，生产者或经营者有能力自己销售或只需选择较少的中间商销售，其营销渠道可以短些、窄些。

2. 市场因素

（1）目标市场的选定　如果目标市场比较近，生产者或经营者可选择直接销售或较短渠道。如果目标市场比较远，要经过长途运输（有的还需要中途转运），甚至还要经过储存，营销渠道应长一些。

（2）市场的地区性　购买力高的大城市，大百货商店、超级市场、连锁商店可直接从生产企业进货，宜采取最短的消费渠道；反之，购买力低的地区和中小零售商则必须通过批发环节。

（3）地区差价的大小　农产品的地区差异大，中间商从事贩运活动有利可图，营销渠道可长些；反之，则要短些。

3. 政策因素　政策因素是农产品生产者和经营者选择营销渠道时必须注意的最重要的问题之一。国家政策的变化决定着农产品营销渠道的取舍和变更。

国家根据各种农产品在国计民生中的重要程度，曾将农产品分为三类，并分别采取不同的收购政策。

1985年，国家对农产品统购派购制度进行改革，除个别品种外，不再向农民下达农产品统购派购任务。这就在农产品生产者和经营者面临一个新课题，就是如何在国家政策允许的范围内选择合适的营销渠道，才能省工、省时，节约流通费用，取得最佳的经济效益。

（二）农产品营销渠道的选择

农业企业分销渠道的选择，不仅要求保证产品及时到达目标市场，而且要求选择的分销渠道效率高，销售费用少，能取得最佳的经济效益。因此，农业企业在进行分销渠道选择前必须综合分析企业的战略目标、营销组合策略以及其他影响分销渠道选择的因素，然后再做出相关决策，如是否采用中间商，分销渠道的长短、宽窄，具体渠道成员等。

1. 直接销售与间接销售的选择　这个问题实质上就是是否采用中间商的决策。生产者在选择时，必须对产品、市场、营销能力、控制渠道的要求和财务状况等方面进行综合分析。虽然中间商的介入给农业生产者及消费者带来很大的好处，但没有中间商介入的销售即直接销售也具有很多优点，如销售及时、节约费用、加强推销、提供服务、控制价格和了解市场等。另一方面，直接销售使产品的整个销售职能完全落在农业生产者的身上，完成这些职能的费用也完全自己负担。事实上，生产量大、销售面广、顾客分散的产品（如啤酒、香烟等），任何生产者都没有能力将产品送到每一个消费者手中，即使能送到也不经济，因此这些生产者只能选择间接销售渠道。

一般来说，大宗原材料用户购买量很大，购买次数少，用户数量有限，宜采用直接销售。生产资料产品技术复杂，价格高，用户对产品规格、配套、技术性能有严格要求，需要安装和维修服务，交易谈判时间较长，也宜采用直接销售。生活用品中的一些容易变质的产品和时尚产品以及价格昂贵的高档消费品，也可采用直接销售。而大多数生活资料以及部分适用面广、购买量小的生产资料，宜采用间接销售。另外，在进行此类选择时，营销能力、财务、控制渠道的要求也必须考虑在内。例如，有的生产者的产品从产品与市场分析，应该采用直接销售，然而，因为销售力量太弱，或因财务困难，也不得不选择间接销售渠道。

2. 分销渠道长短的选择　所谓分销渠道长短，是指产品从生产者到最终用户所经历的中间环节的多少。当生产者决定采用间接分销时，就要考虑渠道层次的多少。

分销渠道越短，生产者承担的任务就越多，信息传递越快，销售越及时,就越能有效地控制渠道。越长的分销渠道,中间商承担的任务就越少,信息传递就越慢,流通时间越长,生产者对渠道的控制就越弱。生产者在选择时,应综合考虑生产者的特点、产品的特点、中间商的特点以及竞争者的特点加以确定。

3. 分销渠道宽窄的选择　分销渠道的宽窄,是指分销渠道中的不同层次使用中间商数目的多少。主要有 3 种可供选择的策略。

(1) 广泛分销策略　广泛分销策略也称密集分销策略,是指生产者利用很多的中间商经销自己的产品。其特点是充分利用场地,占领尽可能多的市场供应点,以使产品有更多展示、销售的机会。该策略一般适用于日用消费品和工业品中标准化、通用化程度较高的产品(如小件工具、标准件等)的分销。这类产品的消费者在购买使用时注重的是迅速、方便,而不太重视产品品牌、商标等。这种策略的特点是产品与顾客接触机会多,广告的效果好,但生产者很难控制这类渠道,与中间商的关系也比较松散。一般来讲,生产者要负担较高的促销费用,设法鼓励和刺激中间商积极推销生产者的产品。

(2) 选择性分销策略　选择性分销策略是指生产者从愿意合作的中间商中选择一些条件较好的中间商去销售自己的产品。其特点是生产者在某一市场上选用少数几个有支付能力、销售经验、产品知识及推销知识、信誉较好的中间商推销产品。选择性分销适用于顾客需要在价格、质量、花色和味道等方面精心比较和挑选后才能决定购买的产品。这种策略的优点是减少了生产者和中间商的接触,每个中间商可获得较大的销售量,有利于双方合作,提高渠道的运转效率,而且还有利于保护产品在用户中的声誉,便于生产者对渠道的控制。

(3) 独家分销策略　独家分销策略是指生产者在一定的市场区域内选用一家经验丰富、信誉卓著的中间商销售生产者的产品。在这种情况下,双方一般都签订合同,规定双方的销售权限、利润分配比例、销售费用和广告宣传费用的分担比例等；生产者在特定的区域内不能再找其他中间商经销其商品，也不准许所选定的中间商经销其他生产者的同类竞争性产品。这种策略主要适用于顾客挑选水平很高、十分重视品牌商标的特殊品以及需要现场操作表演和介绍使用方法的产品。

独家分销策略的特点是易于控制市场的产品价格，可以提高中间商的积极性和销售效率，更好地服务市场；有利于产销双方相互支持和合作。但在该市场区域内，生产者过分依赖中间商，容易受其支配；在一个地区选择一个理想的中间商并不容易，如果选择不当或客观条件发生变化，可能会完全失去市场；一个特定地区只有一家中间商，可能会因为推销力量不足而失去许多潜在的顾客。

第四节 农产品营销的促销策略

一、农产品促销的特点

农产品促销是指农业生产经营者运用各种方式方法，传递产品信息，帮助并且说服顾客购买本企业或本产地的产品，或使顾客对该产品产生好感和信任，以激发消费者的购买欲望，促进消费者的消费行为，从而有利于扩大农产品的销售等一系列活动。

与工业品的促销活动相比，农产品的促销活动在许多方面有其特点。

（一）从促销主体看

农产品促销活动主要由规模较大的专业户、龙头企业、农产品流通组织或政府来实施。

（二）从促销的对象看

促销的产品具有产地化、差异化、个性化的特征。

产地化是指促销活动传递的信息是某个特定产地的产品信息，促销活动激发顾客对该产地产品的购买行为。

差异化是指农产品的促销应该更多地传递本产品"与众不同"的信息，满足顾客多样化的需求。

个性化是指促销活动传递的信息应该强调产品的个性特征，如地方特色产品的促销。

（三）从促销的手段看

农产品促销形式非常丰富，且有其特点。

农产品促销除了传统的人员推销和广告促销、营业推广外，各种网络营销、关系营销的促销方式也多种多样。由于农业经营者在农产品生产过程中往往获得多种产品及副产品，如果将产品进行最初级的加工，便能形成更多的纵向产品，对各种产品进行组合，就形成多种多样的赠送、推广促销形式。农产品促销手段的独特性体现在许多方面，如由于农产品需求价格弹性较小，所以降价促销一般效用不大；由于人们对卫生、安全食品需求较大，因此对绿色产品信息进行传递往往效用较大；近年来，由于人们生活节奏加快，因此"送货上门""净菜除壳"等新的促销技巧较受消费者的欢迎。

二、农产品促销的类型

从促销形式上看，可以将农产品促销分为广告促销、人员推销、关系营销、营业推广4种形式。

（一）广告促销

广告促销就是通过媒体向用户和消费者传递有关商品和劳务信息，达到促进销售目的的一种促销手段。随着市场营销环境的变化，广告已成为促销的主角，肩负着创名牌和增效益两大特殊使命。但纵观国内各类广告媒体，除在地方媒体上出现寥寥无几的农产品广告外，全国性媒体上还很少有农产品广告。极小的广告范围很难使中国的农产品走向国外市场，因此，应结合农产品个性特征挖掘其独有魅力，做好广告宣传。

根据媒体不同，可将广告分为以下主要形式：

1. 报纸广告　报纸广告具有成本低、发行范围广等优点；缺点是阅读者并不注意广告内容,因此农产品通过报纸推广应尽量采取新闻附带产品信息的形式促销。

2. 杂志广告 杂志媒体的读者相对集中,广告处于上升阶段,有很大的发展潜力。由于农村经济或相关商业信息杂志的阅读群主要是一些组织用户,而并不是消费者,所以杂志广告必须是针对组织用户进行促销。

3. 广播广告 广播广告具有不受时间、空间限制,覆盖面广;传收同步,信息快捷;传播次数多,周期短,信息容量大;制作简便,播出灵活,费用低廉等优点。但广播广告只作用于听觉,无法传播农产品的外观品质,而农产品的外观质量信息是刺激消费者购买欲望的一个重要因素,因此广播广告必须结合其他推广方式对农产品的外观质量进行重点传播。

4. 电视广告 电视广告的优点是:收视率高,传播面广;声像兼备,诉求力强,能够以感人的形象、优美的音乐、独特的技巧给观众留下深刻的印象;传递迅速,不受空间限制,并具有很强的娱乐性。缺点是传播稍纵即逝,广告信息不易保存,对商品的性能、特点和规格等不能做详细说明,另外电视广告费用高,时间限制大。

5. 网络广告 网络广告是借助网络发布农产品信息,进行促销活动。互联网具有全球性、互动性和实时性等优点,将农产品登录互联网,开展网络营销,可以发挥互联网的优点,弥补传统流通模式低效的缺点。

(二) 人员推销

人员推销是指生产者派出销售人员与一个或一个以上可能成为购买者的人员交谈,做口头陈述,以推销商品,促进和扩大销售。人员推销有助于生产者和消费者的双向交流。农产品由于其质量信息无法从外观直接观察,所以不应该单纯以广告或其他单向交流形式去培养消费者的品牌意识和顾客的忠诚度,而是应结合双向交流的形式达到目的。

（三）关系营销

关系营销是指把营销活动看成是一个生产者与消费者、供应商、分销商、竞争者、政府机构及其他公众发生互动作用的过程，其核心是建立和发展与这些公众的良好关系。由于农产品的促销活动一般由政府和当地新闻媒体一起发动，所以依靠公共关系进行产品促销往往能够取得较好的效果。

（四）营业推广

营业推广是指除了人员推销、广告和公共关系之外的，在短期内用以刺激顾客或其他中间机构（如零售商）迅速和大量地购买某种特定产品或服务的活动。营业推广根据推广对象不同可以分为3种类型。

1. 对消费者的营业推广　此种推广主要有3种形式。

（1）赠品推广　一方面，农业生产者在农产品生产过程中可以收获多种主副产品，另一方面，消费者对农产品也有多方面的需求，实际上表现为不同产品需求的组合，所以对产品进行组合或赠送促销是一种可行的办法。比如，甘肃一果农为了将积压在手中的苹果卖出去，将玉米皮编成各式各样的水果篮，买苹果送果篮，他的苹果很快被抢购一空。

（2）快捷服务　随着人们生活节奏的加快，对农产品的需求也增加了送货、去净等快捷服务。比如，近来江苏连云港市兴起的"蔬菜快递"，即农户利用固定电话、手机等现代化的通信设备，向市民快速提供新鲜蔬菜、牛奶、禽蛋的一种购销服务方式。

（3）免费品尝　农产品的口感质量是无法通过外观质量完全得以体现的，免费品尝的促销活动是传递产品"美味"信息的最好途径。

2. 对组织用户的营业推广　此类营业推广从推广途径上看，主要有以下2种形式：

（1）农产品交易会　农产品交易会是指在一定场所和期间，

集中展示产品及有关信息,组织当事人洽谈、签约的产品交易活动。交易会的具体形式包括农产品促销会、展销会和博览会等。农业经营者通过交易会宣传本企业的产品,展示新品种,通过营业推广结识更多的朋友,获取所需的信息,吸引客户前来购买,有利于扩大销售。

(2) 农产品拍卖会　农产品拍卖就是在公开、公平的环境下,拍卖师将供货商委托拍卖的农产品展示产品信息,当众叫价,由承销商出价竞购的促销方式。农产品本身的性质是鲜活易用、不易久存等,需要快速便捷地流通到消费者手中。拍卖促销可以减少流通环节,降低交易费用,有效地提高交易效率和物流效率。在拍卖行里,大型农产品和花卉批发商、出口商们可以购买到新鲜而且价格低廉的商品,再将它们销往国外市场或分销给小批发商和小商店。

3. 对推销员的营业推广　近年来,农村流通中介人发展非常迅速,对推销员的营业推广将成为农产品促销的重要内容。广大农户可以对推销员实行折扣鼓励、配套优惠等促销手段。而龙头企业则可以根据推销员的工作业绩,给予适当奖励。

农产品促销组合就是将上述3种主要促销方式进行综合运用,形成一个系统的促销策略,以达到促进农产品销售的目的。

三、农产品整合营销传播

农产品促销策略并不单纯是广告促销或人员推销,而是组织生产者的各种资源,对各种促销因素进行组合,传播一致的产品信息,促进产品的销售,因此这里必须提到整合营销的概念。整合营销是指以消费者为核心重组企业行为和市场行为,综合协调各种形式的传播方式,以统一的目标和统一的传播形象,传递一致的产品信息,实现与消费者的双向沟通,迅速树立产品品牌在消费者心目中的地位,建立品牌与消费者长期密切的联系,从而更有效地达到产品传播和产品行销的目标。具体来说,整合营销包括2层意义。

（一）以消费者为中心策略

一切以消费者为中心，这是整合营销传播理论的核心内涵，也是农产品品牌战略的实施与市场开发所必须做到的。以消费者为中心，不仅是以消费者的需求为价值取向，更重要的是与消费者进行有效沟通，建立一种一对一的互动式营销关系，在沟通中不断了解顾客，进而不断改进产品和服务，满足他们的需求，这种新型关系的实质就是要求农业企业要建立客户档案。目前，对于大多数企业来说可以做到，即通过电子技术或互联网，建立客户数据库，详细记录客户的有关信息，及时与客户建立联系，才能真正了解不同客户的需求，体现客户价值。同时，以消费者为中心要求换位思考，从消费者角度进行信息传播和促销活动。目前，我国发展非常迅速的无公害农产品尤其要注意以消费为中心对产品质量进行控制，无公害农产品的卫生安全质量是无法从外观上直接观察的，其含有的一些有毒物质在人体内可能要积累好几年才可能完全体现出来，一些厂商往往在这一问题上存在侥幸心理，而一旦被有关部门检测出来后，就会对该企业和该品牌产生致命打击。

（二）持续而统一的传播整合

美国广告公司协会将整合营销传播定义为："整合营销传播是一个营销传播计划概念，要求充分认识用来制定综合计划时所使用的各种带来附加值的传播手段——如普通广告、直接反映广告、销售促进和公共关系——并将之结合，提供具有良好清晰度、连贯性的信息，使传播影响力最大化。"可见，整合营销传播是从着重于促销组合的角度，强调提供明确的、一致的和最有效的传播影响力。随着信息化的发展，消费者已经可以从多方面了解接受产品的有关信息。面对庞杂的信息，消费者无所适从，因此，企业要对传播手段加以整合，使向消费者传达的信息和谐一致。因为，消费者对一个产品或品牌的了解来自他们接触到的各类信息的综合，所以企业可以选择不同的传播手段，但传达给消费者的信息应是一致的，即将广告、推销人员、销售促进、公共关系加以结合，提供给消费者清晰的印象，连贯的信息，使消费者形成一个总体的综合印象和情感认同，才能使传播的影响力最大化。农产品的传播整合更是一个复杂的工程。首先，需要农民对产品质量进行自动控制，因此，需要从观念上改变农民的短期行为，严格控制产品的卫生安全营养质量；其次，龙头企业传播的产品信息必须一致、真实，龙头企业不仅要在产品包装，而且要在各种促销手段上传播一致的产品信息；最后，政府帮助推动与传播。农产品在市场上能不能卖得好，和当地政府关系很大，如果政府愿意为农民办实事，往往就能够更加容易开拓产品市场。比如，政府通过举办一系列农产品品尝会、产品交易会等形式，或者对某个产品带头人进行表彰等公关活动，在各个方面对产品进行信息传播和宣传，就能够为农产品的传播整合创造良好的条件。

练习题

1. 简述农产品市场生命周期各个阶段的特征及相应的市场营销策略。
2. 简述开发新产品的意义。
3. 简述价格折扣与折让、差别定价、促销定价、地理定价的含义和定价方式。
4. 什么是农产品营销渠道？农产品营销渠道的作用表现在哪些方面？
5. 影响农产品营销渠道选择的因素有哪些？
6. 简述广告促销、人员推销、关系营销、营业推广的概念。
7. 根据推广对象的不同可以将营业推广分为哪几种类型？

第五章 安全农产品知识

第一节 安全农产品的概念

安全农产品包括无公害农产品、绿色食品和有机食品，这3大类产品就像一个塔形，塔底是无公害农产品，中间是绿色食品，塔尖是有机食品。这3类产品都有各自的技术标准和环境要求，越往塔尖对环境的要求越高。

一、无公害农产品

无公害农产品是指产地环境、生产过程、最终产品质量符合无公害农产品标准和规范，并使用无公害农产品标志的农产品。是无污染、安全、优质，面向大众消费的初级农产品及加工品。

二、绿色食品

绿色食品是指遵循可持续发展原则，按照特定生产方式生产，经专门机构认定，许可使用绿色食品标志的无污染的安全、优质、营养类食品。

绿色食品分为 A 级、AA 级。A 级绿色食品是指生产地的环境符合《绿色食品产地环境质量标准》，生产过程中严格按照绿色食品生产资料使用准则和生产操作规程要求，限量使用限定的化学合成生产资料，产品质量符合绿色食品产品标准，经专门机构认定，允许使用 A 级绿色食品标志的产品。AA 级绿色食品是指生产地的环境符合《绿色食品产地环境质量标准》，在生产过程中不使用化学合成的肥料、农药、兽药、饲料添加剂、食品添加剂和其他有害于环境和健康的物质，按照有机生产方式生产，产品质量符合绿色食品产品标准，经专门机构认定，许可使用

AA 级绿色食品标志的产品。

三、有机食品

前两类安全农产品是我国自行制定标准，开发出来的，但国际上普遍认可的是有机食品，由我国从英文名称直译过来。

有机食品是按照有机农业原则，在生产过程中不采用基因工程获得的生物及其产物，完全不用或基本不用人工合成的化肥、农药、生长调节剂和饲料添加剂等物质，采用一切可持续发展的农业技术，按照有机食品生产、加工标准生产、加工并经过有机食品颁证组织（中国有机食品发展中心）颁发证书的一切农副产品。

第二节　安全农产品标志管理

一、无公害农产品标准管理

无公害农产品标志是全国统一的加施于获得无公害农产品认证的产品或者其包装上的证明标记。农业部和国家认监委对无公害农产品标志统一监督管理。县级以上地方人民政府农业行政主管部门和质量技术监督部门按照职责分工依法负责本行政区域内无公害农产品标志的监督检查工作。

图 5—1　无公害农产品标志

无公害农产品标志标准颜色由绿色和橙色组成，基本图案见图 5—1。

无公害农产品标志规格分为 5 种，其规格、尺寸（直径）见表 5—1。

表5—1 无公害农产品标志规格

规格	1号	2号	3号	4号	5号
尺寸（mm）	10	15	20	30	60

获得无公害农产品认证证书的单位和个人，均可以向认证机构申请无公害农产品标志，由认证机构按照认证证书标明的产品品种和数量发放无公害农产品标志。获得无公害农产品认证证书的单位和个人，可以在证书规定的产品或者包装上加施无公害农产品标志，用以证明产品符合无公害农产品标准。印制在包装、标签、广告、说明书上的无公害农产品标志图案，不能作为无公害农产品标志使用。

使用无公害农产品标志的单位和个人，应当在无公害农产品认证证书规定的产品范围和有效期内使用，不得超过范围和逾期使用，不得买卖和转让。同时做好使用管理制度和对使用情况如实记录存档。

无公害农产品标志的印刷工作由经农业部和国家认监委考核合格的印刷单位承担，其他任何单位和个人不得擅自印刷。伪造、变造、盗用、冒用、买卖和转让无公害农产品标志以及违反《无公害农产品标志管理办法》规定的，按照国家有关法律法规的规定，予以行政处罚，构成犯罪的，依法追究其刑事责任。

二、绿色食品标志管理

绿色食品标志是经国家工商行政管理总局注册的证明商标，用以标志、证明无污染的安全、优质、营养类食品及与此类食品相关的事物。使用绿色食品标志，必须按规定的程序提出申请，由农业部审核批准其使用权。未经农业部批准，任何单位和个人无权使用绿色食品标志。

绿色食品标志用特定的图形来表示，由三部分构成：上方的太阳、下方的叶片和中心的蓓蕾。标志图形为正圆形，意为保护、安全。见图5—2。

绿色食品产品的包装、装潢应符合农业部《绿色食品标志设计标准手册》的要求,取得绿色食品标志使用资格的单位,应将绿色食品标志用于产品的内外包装。凡绿色食品的包装必须做到以下几点:

1. 具有标志图形、"绿色食品"文字、编号及防伪标志的"四位一体"。

2. AA级绿色食品标志的底色为白色,标志与标准字体为绿色;A级绿色食品标志和底色为绿色,标志与标准字体为白色。

3. "产品编号"的正后或正下方写上"经中国绿色食品发展中心许可使用绿色食品标志"文字,其英文规范为"Certified Chinese Green Food Product"。

图5-2 绿色食品标志

4. 绿色食品包装的标签应符合国家《食品标签通用标准》GB7718-94的要求:食品标签上必须标注以下几方面的内容:食品名称、配料表、精含量及固形物含量、制造者、销售者的名称和地址、日期标志(生产期、保质期)和储藏指南、质量(品质等级)、产品标准号、特殊标志等内容。还应标明主要原料产地的环境、产品的卫生及质量等主要指标。

凡是有绿色食品生产条件的单位和个人均可向省(自治区、直辖市、计划单列市)绿色食品管理部门提出申请,经有关部门调查、检测、评价、审核和认证等过程,合格者方可获得"绿色食品"标志使用权。绿色食品标志编号形式为:LB(标志代码)-XX(产品类别)-XXXXX(产品代号),标志使用期为3年,到期后必须重新认证。

绿色食品标志在产品上的使用范围限于由工商行政管理部门认定的《绿色食品商品涵盖范围》。绿色食品标志在产品上使用时，须严格按照《绿色食品标志设计标准手册》的规定正确设计，并在中国绿色食品发展中心认定的印刷单位印刷，未经中国绿色食品发展中心批准，不得将绿色食品标志及其编号转让给他人或其他单位。

三、有机食品标志管理

有机食品标志采用人手和叶片为创意元素。我们可以感觉到两种景象：其一是1只手向上持着1片绿叶，寓意人类对自然和生命的渴望；其二是2只手一上一下握在一起，将绿叶拟人化为自然的手，寓意人类的生存离不开大自然的呵护，人与自然需要和谐美好的生存

图5-3 有机食品标志

关系。有机食品概念的提出正是这种理念的实际应用。人类的食物从自然中获取，人类的活动应尊重自然的规律，这样才能创造一个良好的可持续的发展空间。见图5-3。

凡符合《有机产品认证标准》的产品均可申请颁证，经国家有机食品发展中心颁证委员会批准后授予该标志使用权。带有此标志的产品具有以下特点：

1. 该产品除符合国家有关食品生产、加工和卫生标准外，还完全符合IFOAM（国际有机食品运动联盟）基本标准。

2. 该产品的原料不受任何污染，在生产过程中不使用任何合成农药、化肥、除草剂和生长调节剂等化学物质。

3. 该产品在加工过程中不使用合成的防腐剂、食品添加剂和人工色素，在贮藏、运输过程中未受有害化学物质的污染。

4. 该产品还满足《有机产品认证》规定的其他要求。

取得有机食品标志使用权的单位和个人，可以在规定产品的标签、包装、广告、说明书上使用有机食品标志，使用有机食品标志

时，可根据需要等比例放大或缩小，但不得变形、变色，使用有机食品标志时，应在标志图形的下方同时标印该产品的有机产品认证证书号码。有机食品标志必须在限定的范围内使用，任何单位和个人不得伪造、涂改、转让有机食品标志，在生产、加工或销售过程中有机食品受到污染或与非有机食品发生混淆时，有机食品生产经营单位或个人必须及时通报原有机食品认证机构，对该食品停止使用有机食品标志，并不得再作为有机食品生产、加工或销售。

第三节 安全农产品认证管理

一、无公害农产品认证管理

申请无公害农产品认证的单位或个人可向国家认证认可监督管理委员会授权的认证机构按要求的内容提出书面申请。认证机构对材料审核、现场检查（限于需要对现场进行检查时）和检测结果符合要求的颁发无公害农产品认证证书。

无公害农产品认证证书有效期为 3 年。期满需要继续使用的，应当在有效期满 90 日前按照规定的上述程序，重新办理。在有效期内生产无公害农产品认证证书以外的产品品种的，应当向原无公害农产品认证机构办理认证证书的变更手续。

二、绿色食品认证管理

绿色食品认证由农业部下属的中国绿色食品认证中心进行管理认证，具体参照有机食品认证管理。

三、有机食品认证管理

从事有机食品生产经营的单位或个人，根据其拟从事有机食品生产经营活动的种类，向国家环保总局的有机食品认证委员会认可的有机食品认证机构申请相应的有机食品认证，有机食品认证证书有 3 种。

1. 有机食品基地生产认证。
2. 有机食品加工认证。

3. 有机食品贸易认证。

申请有机食品认证的单位或个人,应按要求的相应内容向认证机构提出书面申请,并提供营业执照或证明其合法经营的其他资质证明。

经认证合格的,由有机食品认证机构根据其申请及认证的有机食品认证种类,颁发有机食品基地生产证书、有机食品加工证书或有机食品贸易证书(统称为有机食品认证证书)。

对于在有机食品认证证书有效期内持证单位或个人发生变更的;产品类型、规格变更的;产品名称变更的;使用新商标的;有机食品加工原料来源或有机食品贸易产品来源发生变更的有机食品生产单位或个人应向原有机食品认证机构办理变更手续。

有机食品生产经营单位或个人,应遵守接受有机食品认证机构的监督检查;认证内容发生变更的,应及时向有机食品认证机构报告变更情况,并办理变更手续;建立有机食品经营管理制度及生产、加工和贸易档案;进行有机食品销售宣传时,必须保证宣传内容的真实性;对本单位从事有机食品业务的工作人员,进行岗位培训等规定。

取得有机食品基地生产证书的单位或个人,应当划定地域范围,标注地理位置,设立保护标志,及时予以公告。

第四节 安全农产品的产地条件与生产管理

一、无公害农产品产地条件与生产管理

无公害农产品基地是指具有一定生产规模、生产设施条件及技术保障措施的农产品生产企业或生产区域。

(一)产地条件

1. 产地环境必须符合无公害农产品产地环境标准。周围没有工矿企业,并要求远离城市、公路等交通要道。基地周边 5km 以内无污染源(包括工矿、工业"三废"、城镇生活和医院等污染

源），不应在高氟区、缺碘区、放射性本底高区和地方病高发区等。必须避开公路干线。农田灌溉水质、农田土壤环境、大气环境质量符合无公害农产品基地质量标准（表5－2、表5－3、表5－4、表5－5）。

表5－2 空气质量指标 DB1487－2001
（山西地方标准 无公害农产品生产技术规范）

项目	日平均	任何一次	检测方法
总悬浮颗粒物，mg/m^3	≤0.30		GB/T15432
二氧化硫，mg/m^3	≤0.15	≤0.50	GB/T15626
氮氧化物，mg/m^3	≤0.10	≤0.15	GB/T15436
铅，mg/m^3	≤1.50		GB/T15264
氟化物，$\mu g/(dm^2 \cdot d)$	≤5.0		GB/T15434

表5－3 灌溉水质量指标 DB1487－2001

项目	指标	检测方法
pH值范围	5.5～8.5	GB/T6920
氯化物，mg/L	≤250	GB/T11896
氰化物，mg/L	≤0.5	GB/T7486
氟化物，mg/L	≤3.0	GB/T7484
总汞，mg/L	≤0.001	GB/T7468
总砷，mg/L	≤0.05	GB/T7485
总铅，mg/L	≤0.1	GB/T7475
总镉，mg/L	≤0.005	GB/T7475
六价铬，mg/L	≤0.1	GB/T7467
石油类，mg/L	≤1.0	GB/T5084

表 5－4　加工水质量指标 DB1487－2001

项目	指标	检测方法
pH 值范围	6.5～8.5	GB/T6920
氰化物，mg/L	≤0.05	GB/T7486
氟化物，mg/L	≤1.0	GB/T7484
氯化物，mg/L	≤250	GB/T11896
砷，mg/L	≤0.05	GB/T7485
汞，mg/L	≤0.001	GB/T7468
铅，mg/L	≤0.05	GB/T7475
镉，mg/L	≤0.01	GB/T7475
六价铬，mg/L	≤0.05	GB/T7467
总大肠菌群，个/L	≤3	GB/T5750

表 5－5　土壤环境质量指标 DB1487－2002

项目	指标	检测方法
pH 值范围	7.0～8.5	DB/T409－1995
硝态氮，mg/kg	≤100	
总汞（以 Hg 计），mg/kg	≤0.25	
总镉（以 Cd 计），mg/kg	≤0.6	
总铅（以 Pb 计），mg/kg	≤50	
总砷（以 As 计），mg/kg	≤19	
总铬（以 Cr 计），mg/kg	≤100	
六六六，mg/kg	≤1.0	
滴滴涕，mg/kg	≤0.5	

2. 产地必须有明确的区域范围，应选择在农产品的主产区、高产区和优异独特的生态区。

3. 具有一定的生产规模。

4. 无公害农产品的生产管理、生产过程符合无公害农产品生产管理条件。

（二）生产管理

无公害农产品生产管理应符合下列条件：

1. 生产过程符合无公害农产品生产技术的标准要求。
2. 有相应的专业技术人员。
3. 有完善的质量控制措施，并有完整的生产和销售记录档案。

从事无公害农产品生产的单位或个人，应当严格按规定使用农业投入品。禁止使用国家禁用、淘汰的农业投入品。

无公害农产品产地应当树立标示牌，标明范围、产地、品种、责任人。

（三）产地认定

申请无公害农产品产地认定的单位或个人，向县级农业行政主管部门按要求的内容提交书面申请。县级农业主管部门将推荐意见和有关材料上报省级农业行政主管部门。省级农业行政主管部门对材料审核、现场检查和产地环境检测结果符合要求的，颁发无公害农产品产地认定证书。

无公害农产品产地认定证书有效期为 3 年。期满需要继续使用的，在有效期满 90 日前按照规定的认定程序，重新办理。

二、绿色食品的产地环境质量及基地标准

（一）环境质量

根据《绿色食品产地环境质量标准》（NY/T391－2000）和《绿色食品产地环境质量评价纲要》，强调绿色食品、绿色食品产品或产品原料必须产自良好的生态环境地域，产地必须符合土壤未受污染，具有良好农业生态环境地区，应尽量避开繁华都市、工业区和交通要道，多选择在边远省区、农村等。以保证绿色食品终产品的无污染、安全性，并利于全程质量控制标准体系。

1. 对大气的要求　要求产地周围不得有大气污染源，特别是上风口没有污染源,不得有有害气体排放,生产生活用的燃料锅炉要有除尘除硫装置。大气质量要求稳定,符合绿色食品大气环境质量标准。大气质量评价采用国家大气环境质量标准GB3095－1996所列的一级标准。主要评价因子包括总悬浮微粒(TSP)、二氧化硫(SO_2)、氮氧化物、氟化物。

2. 对水环境的要求　要求生产用水质量要有保证;产地应选择在地表水、地下水水质清洁无污染的地区;水域、水域上游没有对该产地构成威胁的污染源;生产用水质量符合绿色食品水质环境质量标准。其中农田灌溉用水评价采用国家农田灌溉水质标准GB5084－92;渔业用水评价采用国家渔业水质标准GB11607－89;畜禽饮用水评价采用国家地面水质标准GB3833－88所列三类标准;加工用水评价采用生活用水标准GB5749－85;主要评价因子包括常规化学物质(pH值、溶解氧)、重金属及类重金属(Hg、Cd、Pb、As、Cr、F、CN)、有机污染物(BOD5、有机氯等)和细菌学指标(大肠杆菌、细菌)。

3. 对土壤的要求　要求产地土壤元素位于背景值正常区域,周围没有金属或非金属矿山,并且没有农药残留污染,评价采用《土壤环境质量标准》(GB15618－1995)。同时要求有较高的土壤肥力。土壤质量符合绿色食品土壤质量标准,土壤评价采用该土壤类型背景值的算术平均值加2倍的标准差。主要评价因子包括重金属及类重金属(Hg、Cd、Pb、Cr、As)和有机物(六六六、DDT)。

(二)基地标准

1. 绿色食品必须是该单位的主导产品。绿色食品产品基地必须达到规定的生产规模。

2. 必须具备专门的绿色食品管理机构(基地办)和生产服务体系,并制定出相应技术措施和规章制度。

3. 接受绿色食品知识培训的专业技术人员,占该单位职工总人数的50%以上。

4. 必须具备良好的生态环境，并采取行之有效的措施，使环境持续稳定在良好状态下。

5. 必须具备较完善的生产设施，保证稳定的生产规模，具有抵御一般自然灾害的能力。

6. 绿色食品加工基地必须同时符合下列条件：一是绿色食品加工品必须为该单位的主导产品，其产量或产值占该单位总产量或总产值的60%以上；二是达到大、中型企业规模（以资产衡量）。

7. 绿色食品综合生产基地应同时具有绿色食品初级产品及绿色食品加工产品，并同时符合第4点和第5点的要求。

三、有机食品的产地及生产管理

有机食品在土地生产转型方面有严格的规定，土地从生产其他食品到生产有机食品需要2~3年的转换期。有机食品在数量上进行严格控制，要求定地块、定产量。生产有机食品需要建立全新的生产体系和监控体系，采用相应的病虫害防治、地力保持、种子培育、产品加工和储藏等替代技术。

练习题

1. 安全农产品包括哪3类？它们的概念如何表述？
2. 怎样使用无公害农产品标志？
3. 绿色食品包装必须做到哪些方面？
4. 试述绿色食品标志图案的组成及意义。
5. 无公害农产品生产基地应具备哪些条件？

第六章 市场信息采集与预测

第一节 市场信息概述

一、信息的概念

信息、物质与能量构成了世界的3大要素。信息是客观存在的各种事物和变化的反映。信息是事物表现的一种普遍形式，它是事物根本属性的一种反映。

由于信息是事物的运动状态和规律的表征，因此信息的存在是普遍的；又由于信息具有知识的秉性，因此它对人类的生存和发展至关重要。信息普遍存在于自然界、人类社会和人的思维之中。

二、市场信息概念及其特点

（一）概念

市场信息是在一定时间内，由市场各组成要素发出的，被人们理解和认识并经过加工整理的，从事市场活动所需要的信号、消息、情报、数据和资料等。

（二）特点

1. 信息源的分散性和信息量的膨胀性　随着世界经济一体化趋势的进一步加深，全球已经成为一个统一的大市场，十分广阔，而市场因素是多元化的，既有产品市场，又有要素市场，信息来自各个方面，非常分散；由于市场的不断扩大，技术进步速度加快，市场竞争日趋激烈，使得信息量与日俱增，人们称之为"信息爆炸"。这就要求企业和经纪人们必须建立信息系统，对市场信息进行有效的收集、筛选和加工，才能利用市场信息，捕捉市场机会，开展各种经营活动。

2. **时效性** 市场信息只有在一定的时期内，在特定的环境和条件下，才能对经营管理活动产生影响。随着时间的推移，企业面临的经营环境和拥有的经营条件必然有程度不同的变化，信息的准确性、有效性也就会发生程度不同的变异。一般来说，市场信息的有效使用价值与其利用的时间成正比。在现代企业经营管理的过程中，由于经营环境复杂，市场竞争激烈，企业要做到及时应变，不断保持主体地位，对于市场信息的产生和利用的时间与条件更要注意。

3. **经济性** 市场信息是现代企业经营管理的重要资源和财富，市场信息在现代企业的经营中，是企业制定经营战略、经营策略和经营目标的依据。没有市场信息，企业经营无从谈起。而企业的管理在现代经营活动中，也是依靠现代化信息管理系统，对各种市场信息进行收集、加工、处理和传递，在前期控制和反馈调节的循环中实现管理的各项职能。因此，现代企业经营管理中，信息与商品、人员、物质技术、财力共同构成了企业的重要资源与经营基础。正因为市场信息对企业经营管理有着如此的重要意义，人们常常视其为企业的"无形价值"，因为现代企业管理是以拥有和运用准确、充足的信息为前提条件的，信息是企业获得更多经济效益的基础。

三、市场信息的内容

1. 商品供给与需求的情况。
2. 竞争对手的情况。
3. 销售对象。
4. 销售网点。
5. 销售路线。

四、信息收集和处理的原则

（一）及时

市场信息具有很强的实效性，适时地捕获和运用信息是一个关键环节。因为企业的经营活动是受到企业外部和内部多种因素综合影响的,而且这种影响是复杂多变的。因此,从信息的收集、存储看,错过一个机会,就会丢失一个信息,使完整的资料出现空白。不同时点上的信息都可能出现新的变量,而丧失一个有用信息就有可能给企业的经营管理活动带来盲目性。从企业信息的加工、处理和应用来看,对信息掌握不及时,就不能为企业管理提供决策的依据,企业就会丧失难得的经营机会,可能失去对系统的严密控制,可能在市场竞争中处于不利的位置。所以,企业在信息收集和管理上要有紧迫感,以最迅速、最灵敏、最简捷的方法对信息进行收集、加工、传送和反馈。

(二) 准确

企业的经营管理活动所依赖的信息必须准确、如实地反映客观实际,否则,企业就会在错误的前提和依据下开展经营活动,给企业带来损失。准确,一方面是质的要求,即真实地揭示客观实际,排除错误的杂质;另一方面是量的要求,即提高信息的精确度,明确数量界限,使信息明确、详细和具体。要实现信息管理的准确原则,必须从原始信息的收集开始抓起,不让谬误信息进入经营管理过程中,并且要在加工、处理和利用信息过程中,树立实事求是的观念,避免信息失真。

(三) 适用

企业对信息进行收集、加工、处理和传递等管理活动,不是目的而是手段。信息管理是为了向企业输送正确的信息,协助企业的经营管理活动,因此,在信息管理活动中,必须将适合经营管理需要的信息输送出去。一方面是强调有用性,即对与企业经营管理联系紧密,特别是能够反映事物本质的信息进行收集、处理和输送等管理,排除无用信息,这样既可以提高信息管理的效率,又保证企业经营管理过程井然有序,不受无用信息的干扰;另一方面是强调针对性,即根据企业经营管理的不同部门、层次、环节和职责,提供相应、实用的信息。例如,企业高层管理者，他们的职责是根据企业的经营环境和内部条件，确定企业发展战略和总体目标。因此，他们需要的主要是外部信息，即党和国家的方针政策、国家经济发展计划、市场需求状况和外部竞争情况等，他们对企业内部的信息要求主要是整体性的。而企业中层管理者，他们根据上层的决策进行组织、指挥、控制活动，他们所需的信息主要是企业内部信息，即部门的设置、人员、资金和技术设备的状况等。因此，信息管理必须分清服务对象，使企业管理者各得其所。

（四）经济合理

经济合理是信息管理的综合性原则，就是说信息管理的及时、准确、适用都要建立在这一原则基础上。经济合理的原则要求：一方面，信息的收集、处理和传播应采取高效率低费用的方式、手段和时间，加强信息管理活动本身的经济核算。在实际工作中，往往提高信息的实效性，会增加费用，而降低费用有可能影响信息的实效性。现代西方国家的信息管理多采用电子计算机和全自动化装备，极大地改善信息管理，这种全自动化信息管理需要先进的物质技术设备、高级的专家、技术人员和严格的管理环境和条件，费用很高。目前我国企业尚不完全具备这样的物质技术、资金和人员条件，如果片面追求这种方式，就会增加费用开支和无效劳动，造成浪费，我们应从实际出发，充分利用人力资源和传统的科学方法，提高信息管理的实效，降低费用，逐步向现代化迈进。另一方面，信息管理是企业管理的一个组成部分，应把信息管理放到企业整体经营管理的效果中加以评价，要使信息管理劳动的付出，给企业带来最佳的经济效益。信息是企业的重要资源，合理使用，有效管理，就能带给企业更多的经济效益，而管理不善就可能给企业造成损失。追求企业整体的最佳经济效益是企业信息管理的宗旨。

第二节 市场信息采集的方法和技术

一、采集的方法

(一) 询问法

询问法是指调查者通过口头、电信或书面等方式,向被调查者了解情况、收集资料的调查方法。按调查者与被调查者接触方式的不同,可分为面谈调查、邮寄调查、电话调查、留置调查和日记调查等。

1. 面谈调查 面谈调查指调查人员同被调查人员面对面接触,通过有目的的谈话取得所需情况资料的调查方法。包括 2 种具体操作方法:一种是调查者事先拟好调查表,有顺序地发问,让被调查者作答,一一予以记录。这种登记式的面谈调查,谈话内容明确,调查者易于掌握,一般适用于为了便于统计归类的数据资料而进行的市场调查。另一种是调查者通过与被调查者的自由交谈,了解所需要的情况资料。这种自由交谈式的调查,可以使被调查者有充分发表意见的机会,而且可以采取讨论的方式,弄清所调查问题的来龙去脉。还可以了解到未列入调查提纲的某些重要问题。

面谈调查可以采用个别访问或集体座谈的不同方式。个别访问灵活方便,彼此可以沟通思想,便于调查人员说明调查的目的要求,消除被调查者可能产生的思想顾虑,鼓励他们积极回答问题和发表意见。集体座谈就是开调查会,最适用于集思广益的讨论式调查。一般应选择熟悉有关问题的被调查者参加,人数不宜过多,要看调查者的组织指挥能力而定,一般是 3~5 人,最多是 10~20 人。

面谈调查的不足之处在于所花调查力量和费用支出较大,对调查人员的要求较高,调查结果的质量往往易受调查人员的工作态度、调查技术熟练程度和心理情绪等因素影响。

2. 邮寄调查　邮寄调查是将调查表（问卷）邮寄给被调查者，由被调查者根据调查表的要求填好后寄还给调查者的调查方法。这种调查方法最大的优点是可以扩大调查区域，增大样本数目，只要有通邮的地点，都可以选定调查对象进行调查。因此，邮寄调查在国内外市场调查中被广泛应用。同面谈调查相比，具有以下一些优点：调查所需的人力和经费较少；被调查者有较充裕的时间回忆和思考问题，可以从容作答；可避免面谈调查中被调查者的回答受调查人员态度和情绪的影响等。

邮寄调查的缺点是调查表的回收率低，寄出的调查表往往不能如期收回；由于不接触被调查者，回答的内容可能不全，其可靠程度较难评价，发现的差错或模糊的答复也无法当面澄清；对于不寄还调查表的被调查者的意见无法了解，可能会影响对调查问题的分析和推断等。

3. 电话调查　电话调查是通过电话向被调查者询问调查内容和征求意见的调查方法。这种调查方法的优点是取得市场信息最快、节省时间、回答率较高。如果在市内调查，费用也较少。缺点是被调查者仅限于通过电话进行了解，有时不易取得被调查者的合作，收集不到所需要的信息。在我国的市场调查工作中，对个人较少使用电话调查。随着电信事业的发展，在需要迅速获得经济信息时，对个人也可推广使用电话调查。

4. 留置调查　留置调查是调查人员将调查表或调查提纲当面交给被调查者，并详细说明调查的目的要求，由被调查者事后自行填写回答，再由调查人员约定日期收回的调查方法。这种调查是介于面谈调查与邮寄调查之间的一种折中调查法，吸收了面谈调查和邮寄调查的一些长处，克服了二者的某些缺点。采用这种调查方法，调查人员可以当面消除被调查者的思想顾虑和填写调查表的某些疑问，被调查者又有充分时间独立思考回答问题，并可避免受调查人员倾向性意见的影响，因而能减少调查误差，提高调查质量和调查表的回收率。缺点主要是调查的地域范围受限制,调查费用较高。

5. 日记调查 是对被调查单位或调查者发放登记簿或账本,由其逐日逐项进行记录,并由调查人员定期加以整理汇总的调查方法。如对零售商店的柜组进行调查时,可以按照调查项目和要求,采取记载"营业日记"的调查方法。日记调查能如实反映被调查单位(户)的经济活动情况,所收集的资料比较系统可靠,便于对不同时期不同单位之间的情况进行分析对比。国外在住户调查中广泛采用这种方法。

(二)观察法

观察法是由调查人员在现场对调查对象的情况直接进行观察记录,取得第一手资料的调查方法。这种方法的特点是调查人员不直接向被调查者提出问题要求回答,而是凭借自己的感觉或利用照相机、录音机、录像机和其他仪器对调查对象的活动和现场的事实加以考察记录。这种调查方法的优点是可以客观地收集、记录被调查人或事物的现场情况,调查的结果比较真实可靠,有时还可以收集到询问法所无法取得的情报资料。缺点是观察费时间,调查费用较高,对调查人员的业务技术要求也较高。

(三)实验法

实验法是在给定条件下,通过试验对比,对市场经济现象中某些变量之间的因果关系及其发展变化过程加以观察分析的调查方法。这种调查方法是从自然科学的实验室试验法借鉴来的。用于在给定的试验条件下,在一定范围内观察现象中自变量与因变量之间的变动关系,并做出相应的分析判断,为预测和决策提供依据。实验法的优点:可以有控制地分析观察某些市场变量之间是否存在着因果关系以及自变量的变动对因变量的影响程度;通过实验法所取得的情况和数据比较客观可靠,可以排除主观估计的偏差,在定量分析上具有较重要的作用。不过,在市场调查中运用实验法也有一定的局限性。

1. 由于市场某个经济变量(如商品销售量)的影响因素是错

综复杂的，这些因素（即自变量）不可能如自然科学实验那样可以严格控制，因此，观察实验对象的变化，往往受到其他非实验因素的干扰，不得不凭借经验分析加以区别，因而在一定程度上会影响对实验效果的评价。

2. 实验法只能观察分析现时市场变量之间的关系，无法研究过去的情况，也不能知道对未来的影响。

3. 实验法所需时间较长，费用往往较大，而且包含着一定的风险。

尽管如此，在宏观或微观市场决策的可行性研究中，只要运用得当，实验法不失为一种卓有成效的调查研究方法。

二、采集技术

市场信息采集技术是指在实施市场信息采集过程中调查表的设计和询问技术。在信息采集时，必须根据调查对象的特点和具体情况选择合适的信息采集技术，才能取得较好的效果。

（一）二项选择法

此法又称为真伪法或是否法，一般适用于书面调查，是将要调查的内容化为若干项目，每一项目分为2个对立的答案，要求被调查者根据自己的意愿，选择其中之一作答。

如：你认为××产品的质量好吗？（好）（不好）

二项选择法的优点是回答方便，简单明确；被调查者观点明确，无中立意见，在短时内即可求得答案。缺点是不能使被调查者表示出对某一事项的态度在程度上的差别。

（二）多项选择法

让被调查者对预先准备好的几个方案或结论中，选择其中之一作为答案。多项选择法比二项选择法的强制性有所减弱，可区分被调查者对调查事项态度的程度差别。

采用此法需注意3点。

1. 事先要将准备选择的答案编号。

2. 准备的答案既要尽量包括所有可能的情况，又要避免重复。

3. 准备选择的答案不宜过多,以不超过 6 个为宜。

(三) 自由选择法

此法一般用于面谈或电话调查。被调查者可以不受限制地回答所询问的内容,故又称为无限制回答法。

无限制回答法的优点是拟定问题不受拘束,回答问题不受限制,可深入探索被调查者的建设性意见和未来需求。缺点是易出现回答的含义不明确;易受被调查者表达能力的影响;所获资料的差异程度大、较难整理分析等情况。

(四) 顺位法

顺位法就是预先举出若干需要确定顺序的项目,请被调查者依据经验、专业知识、爱好、兴趣需要、经济条件和生产要求等因素,指定项目的重要程度顺位或需求程度顺位。其询问方式很多。

1. 单项选择法 即举出若干项目,要求被调查者指定其中最重要的一项。此法比较简单,但若事先提出的项目过多,被调查者的人数又很少,结果各个项目的得票可能一样多,以致难以定位。

2. 多项选择法 即在举出的项目中,让被调查者选出 2 项、3 项或 4 项。能事先预定出第 1 位与第 2 位时,可用此法。为防止意见分散,也可采用此法。

3. 无限选择法 即举出若干项目,请被调查者把自己认为重要的项目全都选出。

4. 顺序填充法 即让被调查者对所举项目按其所认为的重要次序填上号码。

5. 等级分配法 即让被调查者对所举项目按"极其重要"、"不太重要"、"一点不重要",或按"10"分、"6"分、"3"分、"0"分等来辨别各项目的等级。

6. 对比法 即将提出的项目两两比较,请被调查者确定哪个重要。如 A 和 B 哪一个重要？B 与 C 哪一个重要？C 与 A 哪一个重要？

在实际调查中采用哪一种顺位法，应根据被调查人数和询问的内容、目的、要求而定。

（五）回忆法

回忆法要求被调查者回忆自己平时对某一事物印象的深刻程度。一般用于调查了解他们对产品商标、厂名和广告等印象的强度。例如要求被调查者回忆哪些广告对自己影响最深，以了解广告的效果等。

（六）倾向偏差法

这种方法用于了解用户对某一事项的意见或态度。例如：

第 1 次调查问：你想买什么牌号的洗衣机？（答"白兰牌"）。

第 2 次调查问：目前人们最喜欢的是"熊猫牌"洗衣机，今后你是否仍打算买"白兰牌"洗衣机？答（是）或（不是）。

第 3 次调查问［专对第 2 次回答（是）的人］：据说"熊猫牌"洗衣机的价格要下调 10%，你还打算买"白兰牌"洗衣机吗？

采用此法，可了解偏差到何种程度，才能改变用户原来的设想。

（七）一对一比较法

此法即将同类产品中不同商标的产品两两对比地列出，让被调查者按某种标准确定哪种较优。

例如，将各种牌号的电视机两两对比地加以排列，要求被调查者比较右边与左边哪一种耐用，并在认为耐用的牌名上打"○"符号。如：

海尔	创维
海尔	康佳
TCL	海信
长虹	海信

但是，这种对比较为极端，没有程度上的评价尺度，需要加以改进。改进的方法是将问题制成一对一程度比较表，请被调查者根据自己的认识，确定哪一种耐用，耐用程度如何，并在适当的一栏中填上"○"记号。

制表及调查程序如下：

1. 在 N 个评价对象中，将每 2 个配合成对，并在 2 个评价对象之间插入若干表示程度的评价尺度，请被调查者依据一定标准对各组做程度上的评定。

2. 将这些问题，对同一评定者做反复询问，或对多个被调查者各做 1 次询问。

这种在 2 个评价对象之间插入若干表示程度的评价尺度的方式，称为"雪兹费一对一比较法"。

表 6-1　一对一程度比较表

耐用	非常	相当	稍微	相等	稍微	相当	非常	不耐用
海尔								康佳
海信								海尔
TCL								熊猫
东芝								康佳
创维								TCL
熊猫								创维

（八）数值尺度法

在 5 个或 10 个阶段的数字上，添加适当的副词，让评价者进行判断（必要时也可在正负两方设置 3~5 个阶段）。如：

最为	相当	一般	可以	不好	最差
10	8	6	4	2	0

此法简单易行，常被采用。但在理论上，从"最为"到"相当"，从"相当"到"一般"等，其间的程度，完全凭主观判断，故误差较大。

阶段的划分，例如：

最为优良，相当优良，一般程度，可以，不好

最为耐用，相当耐用，一般程度，可以，不好

(九) 图解评价量表法

此法有数值量表、形容词量表及图解量表3种。

1. 数值量表法　要求被调查者凭主观感觉选取1个数值（如2，1，0，-1，-2）表示他的看法。例如：

你认为哪种汽车使用上最方便？

如果认为最方便，就选2；有些方便，就选1；……。

2. 形容词量表　把"很方便""有些方便"等形容词列出来，让被调查者选取。

3. 图解量表　画一图让被调查者在上面画记号。如以上汽车的例子，可画成如下图解量表：

很方便 ├──┼──┼──┼──┤ 很不方便

如果被调查者觉得"有一些方便"，就在上图左起第2段上划"○"。

记分时，可对各点赋予数值。如上图从左到右的5点上可以分别记5，4，3，2，1，也可记+2，+1，0，-1，-2。然后就各被调查者的评分加以平均。

除了上面介绍的以外，市场调查技术还有强制选择法、潜在结构分析法等，但是通用性都较差。在运用市场调查技术时，一定要根据自己的调查目的、条件和调查对象的情况加以选择。此外，这些市场调查技术互相并不排斥，可以结合使用，也可结合实际要求创造新的市场调查技术，以达到市场调查目标。

第三节　市场预测

所谓预测，就是根据过去和现在的资料，通过定性的经验分析和科学的定量计算，找出事物发展的内在规律，预见或推断其

未来发展的趋势,换言之,就是根据过去和现在估计未来,根据已知推断未知。

根据预测的对象不同,可以分为经济预测、技术预测、资源预测、市场预测等;根据预测的时间不同,可分为长期预测、中期预测、短期预测;根据预测的方法不同,可分为定性预测和定量预测。

一、市场预测的内容

市场预测是掌握市场需求量变化动态的科学。通过对历史资料和市场信息的分析,可以预测未来一定时期内市场对某种商品的需求量及变化趋势,从而为企业制定战略目标和做出各种经济决策提供依据。

市场预测的主要目的是为了正确把握未来市场需求以及其他各种微观和客观环境变化的规律,以谋求企业的发展。因此,市场预测探讨的是市场发展的未来状况,讲究的是如何为经营决策提供准确的信息。所以市场预测的内容也就是要围绕市场需求以及其他各种微观和客观环境因素展开,通常可以归结为以下几个方面。

(一)市场需求发展变化的预测

市场需求的发展变化是市场预测的最主要内容。对于企业而言,需要预测市场产品需求量的变化趋势、本企业产品市场销售量、市场占有率的状况和发展趋势,因此,为预测市场需求的发展变化常常需要对一些影响因素的变化也加以预测。经常需要用预测手段探讨的影响因素有以下内容:

1. 社会消费结构的变化　社会消费结构的变化即社会购买力格局的变化。

2. 社会商品购买力的变化　购买能力是决定实际购买的主要因素,其预测应注意社会集团购买力、城乡居民购买力和购买力的转移3个方面。

3. 消费倾向的变化　它可以直接影响企业产品的生产,主要受消费心理、广告宣传、社会风气、物质和文化生活水平的变化影响。

4. 产品生命周期发展阶段的变化　它对企业制定生产与销售决策有着重要的参考价值,最重要的是要做好对产品市场饱和点的预测。

5. 产品销售领域的变化　主要包括市场区域及市场用户数量变化。主要取决于产品的竞争能力,即质量、价格、信誉以及人口的结构变化等。

(二) 市场供给发展变化的预测

市场供给发展变化的预测包括资源预测与技术预测2方面内容。

1. 资源预测　资源预测是对有关人力、财力、物力的预测,主要包括生产能力预测、人力资源预测、资金来源预测、能源和原材料预测等。

2. 技术预测　主要包括新产品开发预测、新工艺新技术预测、新材料预测、技术指标预测等。

(三) 竞争发展趋势预测

竞争发展趋势预测包括本企业竞争能力和竞争企业竞争能力的预测。

1. 本企业竞争能力预测　包括产品的质量、价格、外观、功能、信誉、服务等。

2. 竞争企业竞争能力预测　包括竞争企业数量与产量的变化以及其产品质量、价格、外观、功能、竞争策略的变化等。

(四) 市场价格变动预测

包括价格变动趋势、比价以及消费者对价格的承受程度。预测价格的变动,一要通过预测生产成本来进行;二要结合市场需求和资源以及市场供求变化进行预测;同时也要考虑价格政策对价格的重要影响。

(五) 其他影响供求的主要因素预测

包括国民经济发展趋势预测、政府各项方针政策的预测、国际市场情况预测等。

上述预测的内容,并不是每次进行市场预测都需要无一遗漏,而是要根据市场预测的目的予以选择。

二、市场预测的步骤

(一)确定预测目标

由于预测的目标、对象、期限不同,预测所采用的分析方法、资料数据收集的要求也就不同,因此,市场预测首先要明确规定预测的目标,即预测达到什么要求,解决什么问题,预测的对象是什么,预测的范围、时间等。

(二)拟订预测计划

预测计划包括预测目标的具体化。即要具体规定预测的精度要求,工作日程,参加人员及分工等。

(三)收集与分析资料数据

预测要广泛收集影响预测对象未来发展的可控与不可控的一切资料,即内部与外部环境的历史与现状的资料。资料的来源有以下几点:

1. 国家统计部门的资料。
2. 本系统公司、企业的统计资料与情报。
3. 国内外各种有关的技术、经济研究资料。
4. 情报部门整理的参考资料。
5. 本企业的历史统计资料等。

(四)选择预测方法,确定预测模型

预测方法的选择要服从预测目标、占有资料的数量和可靠程度、精度要求以及预测的费用和预算。一般应同时采用 2 种以上方法,切实比较和鉴别结果的可信度。

(五)估计预测误差

预测误差是不可避免的。为了避免预测误差过大,一般要求对预测值的可信度进行估计,即分析各种因素的变化对预测结果可能产生的影响,并对预测值进行必要的修正。

(六) 提出预测报告和策略性建议，追踪检查预测结果

将预测结果和趋向性意见用报告的形式向决策机构反映。随着情况的变化，如果发现预测与实际不符，要立即修改调整预测结论，并分析产生偏差的原因，以便提高预测的精度。

三、定性预测方法

定性预测是依靠人们的知识、经验和综合分析能力，对未来发展状况做出推断和描述，所以又称为经验判断法。其特点主要是靠经验判断未来，也要运用过去和现在的大量资料，做一些定量化的分析作为判断的手段，该方法直观简单，费用较低，但掌握起来并不容易，需要有丰富的经验，在数据资料较少或不准确的情况下，采用该方法效果较好。

(一) 德尔斐法

德尔斐法又称专家意见法，是美国著名的咨询机构兰德公司于 20 世纪 40 年代末开始使用的一种函询预测方法。

1. 德尔斐法的基本过程　首先由主持预测的机构选定预测题目和参加预测的专家。然后将预测题目和必要的背景材料寄给各位专家，分别向他们征询意见。预测机构把专家们寄回来的个人意见加以汇总、归纳、整理后，得到专家们的各种意见，然后，把这些不同的预测结果及其理由反馈给每一位专家，让专家们再次做出判断。经过这样多次反复和循环，可得到基本趋向一致的意见。用德尔斐法预测一般要经过四轮才能得到比较集中的结果。

2. 德尔斐法的特点　德尔斐法与一般的征询意见或民意测验不同，其主要特点有以下几点：

(1) 匿名性　参加预测的专家在整个预测过程中彼此互不通气，以"背靠背"的方法接受征询，预测是以匿名方式进行的。这样做的目的，在于尽可能减少权威、资历、口才、人数、心理等各种因素对专家的影响，使他们去掉不必要的思想顾虑，大胆思考，畅所欲言。同时，这种匿名方式使专家们在整个应答过程

中随时可以改变意见,重新做出预测,也不致损害自己的威望。这样,就可以使各种意见得到比较充分的讨论和发挥。

(2) 反馈性　德尔斐法并不是完全靠个人意见的发挥来进行预测,而是通过大量的反馈信息,沟通专家们的意见。第一轮预测结果收回后,经预测机构的整理、统计和分类,将应答情况的统计资料反馈给各位专家,如此反复,直到过程完结。专家们从反馈回的各种资料中进行分析、选择,可参考其中有价值的意见,深入联想,反复比较,有利于提出较好的预测意见。

(3) 统计性　德尔斐法不是简单地收集专家的意见,而是要经过一系列的统计分析和处理,最后得到一个定量的预测结果。

(二) 主观概率法

主观概率法,是先由预测专家对预测事件发生的概率做出主观估计,然后计算它们的平均值,以此作为对事件预测的结论。

例:某公司业务经理、部门经理、总经理各一人对2008年的商品销售额(单位:万元)估计如下:

表6—2　商品销售额预测表

	销路好		中等销路		销路差		期望值
	估计值	概率	估计值	概率	估计值	概率	
业务经理	590	0.2	490	0.6	400	0.2	492
部门经理	580	0.2	540	0.5	500	0.3	536
总经理	560	0.3	520	0.5	500	0.2	528

期望值=销路好的期望值×概率+中等销路的期望值×概率+销路差的期望值×概率

一般而言,总经理和部门经理的经验要比业务经理丰富,假定他们估计值设定权数分别是2、2、1,经过综合比较,预测销售额为:

$(492×1+536×2+528×2) ÷ (1+2+2) = 524$(万元)

选择专家的时候不一定一个档次的只选一人,也可以选多人，这时，先分别计算各类人员的平均估计数，然后综合预测销售额。

（三）用户意见法

用户意见法是一种通过对用户进行调查来预测市场销售量的方法。例如，出版社在出版一本新书之前，先要通过对各地新华书店的预订销量调查或发出新书征订通知单，根据反馈信息做出需要量的预测。如果产品属于工业生产资料，用户较少，可以通过普遍调查进行预测。如属生活消费品，用户较分散，可以通过抽样调查来进行预测。

这种预测方法的优点是，可以让销售人员在他负责的销售地区进行，边销售，边预测，节省调查费用，调查结果也较切合实际。但这种方法能否取得成功，主要取决于用户是否合作。如果用户因保密，关系不好，不予重视，采取应付态度，就很难进行了。用户意见法在生产资料需要量的预测中应用得较广，也较为有效。

四、定量预测方法

定量预测方法是在占有若干统计资料，并假定这些资料数据所描述的趋势对未来适用的基础上，运用各种数学模型预测未来的一种方法。市场预测所用的定量分析模型主要有时间序列模型和因果关系模型两种，其中时间序列模型的应用比较普遍。

时间序列预测分析法，是把历史统计资料按年或按月排列成一个统计数列，根据其发展趋势，向前外延进行预测。这类预测方法，适用于市场比较稳定，价格弹性较小的商品，特别是短期预测更为适用。

（一）简单移动平均法

这种方法是将近期的实销值按规定的期数进行平均，随着时间的推移，不断引进新的数据来修改平均值，以消除偶然变动因素的影响，使时间序列数据修匀并呈某种趋势，求得下期预测值。

数学模型为:$X_{n+1}=(X_1+X_2+X_3+\cdots\cdots+X_n)\div N$

式中 X_{n+1} 为预测值;

X_1,X_2,X_3,……X_n 为第一期至第 N 期的实际数;

N 为资料个数。

例如:某农场 2008 年 7～12 月销售量(吨)见表 6-3:

表 6-3　2008 年 7～12 月销量表

月份	七	八	九	十	十一	十二
销售量	105	94	104	120	97	98

预测该场 2009 年 1 月的粮食销售量。

解:设 $X_1=105$,$X_2=94$,$X_3=104$,$X_4=120$,$X_5=97$,$X_6=98$

则 $X_{n+1}=(105+94+104+120+97+98)\div 6=103$(吨)

所以:预测该场 2009 年 1 月的产品销售量为 103 吨。

(二)加权移动平均法

所谓加权移动平均法,就是在计算平均值时,对实际值不予同等对待,根据实际值距预测期的远近,分别赋予它们一个不同的权数。近期数据对预测值的影响较大,其权数应大些,反之,远期数据的影响相对较小,其权数可小一些。

数学模型为:

$X_{n+1}=(X_1W_1+X_2W_2+X_3W_3+\cdots\cdots+X_nW_n)\div(W_1+W_2+W_3+\cdots\cdots+W_n)$

式中 X_{n+1} 为预测值;

X_1,X_2,X_3,……X_n 为第一期至第 N 期的实际数;

N 为资料个数;

W_1,W_2,W_3,……W_n 为各期的权数。

例如:某农场 2008 年 7～12 月粮食销售量(吨)及权数见下表 6-4:

表6-4 2008年7~12月销量表

月份	七	八	九	十	十一	十二
销售量	2890	2710	2380	3050	3690	4870
权数	0.5	0.7	1.2	2	4	6

解：设 $X_1=2890$，$X_2=2710$，$X_3=2380$，$X_4=3050$，$X_5=3690$，$X_6=4870$

则 $X_{n+1}=$（2890×0.5＋2710×0.7＋2380×1.2＋3050×2＋3690×4＋4870×6）÷（0.5＋0.7＋1.2＋2＋4＋6）＝3908（吨）

和简单移动平均法相比，使用加权移动平均法求得的预测值更接近销售发展的规律，但是权数的选择与确定是这一方法成功的关键所在。时间序列模型可用来进行3~5年的长期预测。

练习题

1. 什么是信息？什么是市场信息？市场信息有何特点？
2. 在信息收集和处理的过程中应遵循哪些原则？
3. 面谈调查、邮寄调查、电话调查、留置调查和日记调查等5种方法各有什么优缺点？一般都在什么情况下使用？
4. 什么是预测？什么是市场预测？
5. 市场预测包含哪些内容？
6. 德尔斐预测方法有什么特点？
7. 下面是某企业2007年1~6月产品销量（单位：台）及权数，请使用简单移动平均法和加权移动平均法对该企业2007年7月的产品销量做出预测。

表6-5 某企业2007年1~6月产品销量及权数

月份	一	二	三	四	五	六
销售量（台）	1380	994	1450	1570	2100	1950
权数	0.7	0.9	1	2.5	5	6

第七章 农产品品质鉴别

第一节 粮食品级鉴别

粮食包括粮食、植物油料和植物油脂,或者称为粮油。粮油商品能给人体提供热量、营养,能转化为食品,能做轻工业原料。

一、粮食商品的分类

粮食商品分类方法很多,在国际经济活动和科学交流中,多按植物学科属分类而使用学名;在农业部门大多按植物学科属结合用途进行分类。目前流通领域按粮油植物学科属或主要性状、用途分为7大类。

(一) 原粮

原粮也称自然粮,一般是指经过收割、脱粒而尚未碾磨加工带有皮壳的粮谷。按植物学科属,可分为以下3类:

1. 禾谷类 属于禾本科。包括稻谷、小麦、大麦、燕麦、黑麦、玉米、高粱、谷子、黍和稷等。荞麦属于蓼科,习惯上也包括在内。

2. 豆类 属蝶形花科(也称豆科)。包括大豆、蚕豆、豌豆、绿豆、菜豆和小豆等。

3. 薯类 指薯类作物的块根或块茎。包括甘薯、马铃薯和木薯等。

(二) 成品粮

成品粮是将原粮经过加工后脱去皮壳或磨成粉状的粮食。主要包括大米、小麦粉、大麦粉、燕麦粉、黑麦粉、玉米粉、玉米糁、高粱米、小米、黍米、稷米、荞麦粉和薯干等。豆类和薯类不经加工即可烹煮食用，所以虽不属成品粮但有时也按成品粮计算。

（三）油料

油料是指制取植物油脂的原料。其分类方法通常有 2 种。

1. 按生产油料的植物种类可分为 2 大类。

（1）草本油料　即由草本植物生产的油料，主要有大豆、花生、油菜子、芝麻、葵花子、棉子、玉麻子、油莎豆和蓖麻子等。在我国的油料中，草本油料约占 90%。

（2）木本油料　即由木本植物生产的油料。主要有油茶子、油橄榄、油棕果、椰子、油桐子和乌桕子等。

2. 按所制取的油脂是否可供食用可分为 2 大类。

（1）非食用油料　主要有蓖麻子、油桐子和乌桕子等。

（2）食用油料　是指油料本身可供直接食用，或者可以从中提取出供人们食用的油脂的原料。如大豆、花生、芝麻、油菜籽和玉米胚等。

（四）油脂

油脂即用植物油料制取的油脂。通常按是否可供食用分为食用油脂和非食用油脂（主要用做工业原料）2 类。

（五）粮油加工副产品

主要指粮食、油料在加工成品过程中分离出的非成品部分。包括 2 类。

1. 粮食加工副产品　有米糠、米栖、麸皮和胚等。

2. 油料加工副产品　有油饼、油粕、籽壳和短绒等。

（六）粮食制品

主要是指以粮食为主要原料加工、制作的食品。一般可分为普通米面制品、方便食品、强化食品、膨化食品、蛋白制品和熟食品等。

（七）综合利用产品

主要是指利用粮油加工副产品生产的产品、利用粮食加工的副产品可以生产糖、酒、油以及多种化工用品、医药等；利用油料加工的副产品可以生产高蛋白食品、磷脂类食品以及多种化学用品和医药等。

粮食还可以分为主粮和杂粮、粗粮和细粮、夏粮和秋粮等。

主粮就是人们日常生活消费中占据主要地位的粮食品种。由于各地对粮食的生产、消费习惯不同，主粮也不一样。在我国南方以大米为主粮，北方以小麦、玉米为主粮，个别地区还以小米、莜麦或青稞为主粮。全国的主粮通常指水稻、小麦、玉米3大品种，目前玉米作为主粮已逐渐消退。杂粮一般是指除水稻、小麦、大豆及薯类之外的其他各种粮食。

粗粮一般指玉米、高粱、元麦等等。全国没有统一规定，如有的地方把小米作为粗粮也有些地方则作为细粮。细粮通常指稻谷和小麦，或大米和面粉，也没有统一规定，根据各地区的习惯而定。

夏粮是我国一年两熟以上的地区粮食收获季节较早，在6月上旬即可收获，将这些收获季节比较早的粮食称为夏粮。一般称小麦、大麦、元麦、蚕豆和豌豆5个品种为夏粮。在秋季收获的粮食称为秋粮。除夏粮、早稻外的其他一切粮食均视为秋粮。

二、粮油样品

要确定一批粮油的质量，不可能也不必要对其全部逐一进行检验，只需按规定扦取一定数量具有代表性的部分，供检验用。从一批粮油中扦取出少量的具有代表性的部分称为样品。

样品的扦取工作是进行粮油检验最主要、最基本的工作。扦取的样品代表性越大，检验的准确性越大。相反，扦取的样品不全面，代表性小，检验的结果虽准确，但也很难代表这批粮油的真实质量。因此，在扦取、分取样品工作中，必须严格遵守操作规程及有关规定。

（一）分类

按着扦样、分样和检验的过程，将粮油样品分为原始样品、平均样品和试验样品3类。

1. 原始样品　从一批受检粮油中扦取出具有代表性的样品称为原始样品。原始样品的数量是根据一批粮油的数量和满足质量检验的要求而定的。粮食、油料的原始样品一般不少于2kg，零星收付的粮油样品可酌情减少。油脂原始样品不少于1kg。

2. 平均样品　原始样品按照规定方法经过混合平均，均匀地分出一部分备做粮油品质全面检验用的样品，称为平均样品。平均样品一般不少于1kg。

3. 试验样品　平均样品经过混合分样，根据需要从中称取一部分，作为品质检验用的样品，称为试验样品，简称试样。试样的数量根据检验方法和目的而定，在检验中，试样又分为定量试样和不定量试样2种。

（1）定量试样　将平均样品经连续分样直至近似所需数量时，称取所需定量样品。

（2）不定量试样　将平均样品经连续分样至近似所需数量为止。这样的样品代表性强，但不定量试样不能少于规定试样重量的95%，否则会影响检验结果。

在粮油检验上，将同种类、同等级、同仓位的粮食、油料或油脂划为一批，作为一个检验单位，每一个检验单位的数量不超过200t，其中花生果和花生仁的检验单位不超过50t，油脂的检验单位不限定数量。

（二）扦样器具

扦取原始样品的过程叫做扦样。扦样所用的器具包括扦样器、样品容器和样品登记本等。

1. 扦样器

（1）包装扦样器（手探子）　包装扦样器用来扦取袋装粮食油料的样品，它是一个顶端呈尖形带槽的金属管制成，基部装在木把上。这种扦样器规格分为大粒扦样器、中小粒扦样器和粉状粮扦样器。

(2) 桶装扦样器　桶装扦样器用来扦取桶装油脂的样品。一般多采用透明的玻璃管作为桶装油的扦样器。

(3) 散装扦样器

①粮食和油料散装扦样器　包括手插式和自动式 2 种类型。手插式扦样器分为单槽式和多槽式 2 种。多槽式又称套管式扦样器，这种扦样器是用 2 根金属管套制而成的。自动式扦样器有电动式和气动式等数种。自动式扦样器必须符合随机扦样要求，即每扦出一个样点的样品与原来部位粮食质量应一致。

②油脂散装扦样器

扦样筒　是用圆柱形金属筒制成的。

扦样瓶　一般利用 500mL 的细口瓶作为扦样器。

(4) 取样铲　主要用于流动粮食、油料的取样或倒包、拆包、晾晒取样。

2. 样品容器　由扦取的小样集合一起的原始样品，应装入清洁密封的样品筒、样品袋、样品瓶内，以防水分变化，同时能防止害虫或其他外来物的感染。

样品容器须具备的条件是：样品装入后不吸湿、不散湿、不遗漏、不污染，其容量约 1kg 为宜。粮食和油料的原始样品数量过大时，还应准备大型样品袋、混样布和分样板等，以便在现场混合分取原始样品用。

(1) 样品桶　用铁皮或铝合金制成，带盖并附有提手的圆形环，容量为 1～2kg。

(2) 样品袋　容量 1kg、2kg、4kg。用塑料、塑料漆布、帆布或白布做成的小口袋。

(3) 样品瓶　磨口的广口瓶，容量有 500mL、1000mL。

3. 样品登记本　为了掌握和记录样品来源的基本情况，为品质检验和下一次扦样时做参考，扦取的样品必须进行登记。登记本的项目包括扦样日期、样品编号、粮油名称、批量、产地、生产年度、堆积地点和方式、扦样部位、质量概况以及扦样员姓名等。

（三）保存样品

对出售、出口的粮油要保存不少于 1kg 的原始样品，经登记、密封、加盖公章和经手人签字后置于干燥阴凉处（水分超过安全水分者应置于 15℃ 以下），油脂样品要避光，妥善保存 1 个月以上，以备复验。

（四）扦取方法

粮食和油料扦样的具体方法，按不同的储存方式而有所不同，可以分为散装扦样法、包装扦样法、圆仓扦样法、零散粮食扦样法、晾晒扦样法和流动粮食的扦样法等。

油脂的扦样方法，按不同储存方式有桶装扦样法、散装扦样法。扦样数量的总量应根据待检油脂数量多少而定。500t 以下的不少于 1.5kg；500～1000t 的不少于 2kg；1000t 以上的不少于 4kg。扦样后，将油料混合均匀，分出 1kg 作为检验用。

油脂在装卸过程中的扦样，可采用定时、定量取样法。

（五）分样

将原始样品混合均匀，进而分取平均样品或试样的过程叫分样。分样工作是质量检验程序一个重要环节，原始样品是被检粮油的代表，从中分出的样品也必须具有代表性。因此，对分样的要求是：充分混合、均匀分取。

1. 四分法　用分样板均匀地搅和样品，然后按 2/4 的比例取舍样品至需要量的过程叫四分法。

2. 分样器分样法　使用分样器混合分取样品的过程叫做分样器分样法。

3. 油脂的分样　用双手拿起油样容器进行振摇，待油样混合均匀后，从中分取需要数量的油样。

（六）保管

粮油样品，按照用途可分为供验样品、复验样品（或称保留样品）和标本样品等。其中标本样品的保管期较长，必须用干燥的容器进行保管。

对粮油样品必须建立保管与处理制度,需要保管的样品,要编号、登记、妥善保管,不要的样品要及时处理。

国内流通的粮食和油料的保留样品,其数量应不少于1kg,装入样品筒或广口瓶内,编号、登记,保留1个月;出口、进口视情况应保留更长时间,以备复验。油脂的保留样品,其数量应不少于0.5kg,装入细口瓶中,编号、登记,保留1个月甚至更长时间,以备复验。

三、粮食和油料的感官检验

感官鉴定法通常用来鉴定粮油的种类、品种及其色泽、气味和滋味等。

(一) 色泽鉴定

粮油色泽的鉴定,不要在太阳光直射下,一定要在散射光线下进行,经过水浸、生霉、生虫和发热的粮食、油料,其固有的粒色和光泽则随受害程度的大小而改变。粒色正常的油料籽粒,光泽强的含油量较高。油脂酸败后,色泽变成深暗。油色用柠檬色、淡黄色、黄色、橙黄色、棕黄色、棕色、棕红色和棕褐色来表示。对带有青色或经过脱色的油脂则按实际油色加以注明。色泽鉴定后的结果用"正常"或"不正常"表示。

(二) 气味鉴定

新鲜正常的粮食、油料气味浓郁清香,这种气味随着储存时间的延长而逐渐减弱,因此,陈粮与新粮气味不同。长期密闭贮藏在仓内的粮食陈宿气味(也称陈粮气味)会增强,就会失去原来的新鲜气味。但这种变化属于正常变化,不能称之为气味不正常。由于粮食自身变化和外界条件的影响,有明显不正常的气味如发酵气味、霉菌气味、霉腐气味、酸臭气味、仓虫气味、黑穗病味、熏蒸剂气味、煤油气味和农药化肥气味等。

粮油气味的鉴定必须在清洁安全条件下进行。在检验粮食质量或在扦取样品的同时,取少量试样,嘴对试样呵气,立即嗅辨气味是否正常。冬季气温很低，气体分子不活泼，不易辨别气味时，可将试样放入密闭器皿内，在60℃～70℃的温水杯中加温2～3分钟，取出，再嗅辨气味是否正常。油脂取少量油样，加热至50℃，经搅拌后嗅辨气味。检查结果用"正常"或"不正常"表示。

（三）口味鉴定

口味鉴定时，取数粒粮食或油料子粒，擦净放入口内咀嚼，辨其味道是否正常。成品粮可作成熟食品尝其口味是否正常。口味鉴定油脂时，取少量油样涂在舌尖上辨别滋味是否正常，酸败的油脂常有酸、苦和辣等滋味。检验结果用"正常"或"不正常"表示。

（四）成熟度、完整度和纯粮鉴定

将扦取的样品摊在分析盘或手中（对粮样的重量要心中有数），应用视觉和触觉，对粮样中的杂质、不完善粒、完善粒等，根据经验估测所占的比例，根据各品种定等基础项目，加以综合判断，按照标准规定，确定等级和项目增减。

（五）水分鉴定

1. 视觉检验法　将样品放于盘中或手掌上，水分高的粮食粒形膨胀，整个籽粒光泽较强。

2. 触觉鉴定法　将试样放在盘中或手掌上，用手指触摸，通过手对粮食的子粒捻、压和捏等来感觉软、硬。如子粒较硬，则水分小；籽粒发软，则水分较大。

3. 齿碎鉴定法　将粮粒放入口中，用牙齿咬碎，根据破碎程度、牙齿的感觉和发出的声音高低，判断粮食水分的大小。一般来讲，破碎程度大，声音清脆的水分较小，反之则较大。

4. 听觉鉴定法　将手插入粮堆，握粮或将粮扬起落下，耳听发出响声的感觉。含水量低的粮食、油料声音清脆、响亮，而声音发闷、低沉者含水量高。

四、粮食和油料的质量检验

粮食及油料检验项目是评定粮食、油料质量，划分等级制定价格的依据。

由于粮食及油料的种类、成分、用途及消费习惯的不同，对质量检验项目的确定和要求也有所差异。目前我国及国际贸易上通常评定粮食、油料质量的检验项目，主要有色泽和气味、水分、杂质、不完善粒、容重 5 项。

五、稻谷的质量检验

（一）商品稻谷的分类

1. 按生长要求的水分条件　分为水稻和陆稻（旱稻）。我国主要栽培水稻，陆稻栽培面积不到稻谷面积的 2%。

2. 按生育期和收获季节　分为早稻、中稻和晚稻。

3. 按粒形和粒质　分为籼稻、粳稻和糯稻。籼稻谷粒一般呈长椭圆形或长形；粳稻谷粒一般呈椭圆形；糯性稻粒形似籼稻谷，粳糯稻谷粒形似粳稻谷，二者的米粒均呈乳白色不透明，也有的呈半透明状（俗称阴糯），米饭的黏性大。籼、粳、糯稻谷在外形及米粒特征上有许多不同，见表 7-1。

表 7-1　籼、粳、糯稻谷特征比较

品种	粒形	茸毛	芒	米外观	饭的涨性	饭的黏性	直链淀粉含量（%）
籼稻	长椭圆形，细长形	稀短	无或短	灰白无光	大	小	25%以上
粳稻	椭圆形	密长	常有	蜡白有光，透明、半透明	小	较大	20%以下
糯稻	椭长圆形、椭圆形或细长形	稀短密长	无或有	不透明、乳白、无光	小	大	无

商品稻谷的国家标准中，各类稻谷允许混有其他类稻谷的限度为 0.5%。稻谷中的名贵品种、杂交品种、中熟稻谷和陆稻谷等特殊品种的分类由省、自治区、直辖市另订标准或按质量分别归属。

（二）商品稻谷的质量标准

1. 稻谷的国家质量标准　（GB1350-86）国家标准规定，各类商品稻谷均以出糙率作为定等基础,共分5个等级,并结合杂质、水分含量、色泽气味等进行质量检验。籼型稻谷和粳型稻谷的具体质量指标见表7-2、表7-3。

表7-2 早籼稻谷、晚籼稻谷、籼糯稻谷的质量标准

出糙率		杂质(%)	水分(%)		色泽气味
等级	最低指标		早籼、籼糯	晚籼	
1	79.0	1.0	13.5	14.0	正常
2	77.0				
3	75.0				
4	73.0				
5	71.0				

注:各类稻谷的黄粒米限度为2.0%。

各类稻谷均以三等为中等标准,低于五等的为等外稻谷。

标准中规定的水分指标,是调拨作价的依据,不是安全储藏的水分指标,收购稻谷水分的最大限度和稻谷安全储藏的水分标准,由省、自治区、直辖市规定。

稻谷的卫生标准和动植物检疫项目,按照国家有关规定执行。

2. 项目解释

(1)出糙率 稻谷出糙率是指稻谷脱壳后的糙米质量(其中不完善粒折半计算)占试样重量的百分率。出糙率体现稻谷的主要使用价值。成熟、饱满、壳薄的稻谷,出糙率较高。

(2)不完善粒 不完善粒指未成熟粒、虫蚀粒、病斑粒、生芽粒和霉变粒中尚有实用价值的颗粒。

表 7—3 早粳稻谷、晚粳稻谷、粳糯稻谷的质量标准

等级	出糙率（%）				杂质（%）	水分（%）			色泽气味
	早粳、糯粳最低指标	晚粳最低指标				早粳粳糯晚粳			
		一类地区	二类地区	三类地区		早粳	粳糯	晚粳	
1	81.0	82.0	80.0	78.0	1.0	14.0	15.0	15.5	正常
2	79.0	80.0	78.0	76.0					
3	77.0	78.0	76.0	74.0					
4	75.0	76.0	74.0	72.0					
5	73.0	74.0	72.0	70.0					

注1：一类地区：江苏、浙江、上海、安徽、福建、江西、四川、贵州、云南、湖南、湖北、广东、广西、北京、天津15个省、市区。

二类地区：山东、山西、河南、河北、辽宁、陕西、宁夏7个省、区。

三类地区：黑龙江、吉林、内蒙古、新疆4个省、区。

注2：各类稻谷中的黄粒米限度为2.0%。

(3) 杂质　稻谷中的杂质是指通过20mm圆孔筛的筛下物，包括泥土、沙石、砖瓦块及其他无机杂质，以及无实用价值的稻谷粒、异种粮粒及其他有机杂质。杂质无实用价值，影响食用品质，同时对稻谷加工和成品质量会造成极为有害的影响。

(4) 色泽、气味　指一批稻谷固有的综合色泽和气味，是稻谷正常品质的体现。稻谷国家标准中，均要求色泽气味正常。

(5) 黄粒米　指胚乳呈黄色，与正常米粒色泽明显不同的颗粒。黄粒米形成的原因是多方面的，微生物作用及粮食陈化中的生化变化等均可引起米粒变黄。黄粒米不仅影响商品的外观品质，而且营养品质差，还可能带有真菌毒素。

六、玉米的质量检验

玉米又名玉蜀黍、苞米、棒子。玉米是古老的作物之一，原产于墨西哥和秘鲁，现已分布于世界各地，成为人类的主要粮食作物之一。玉米不仅是重要的粮食，而且已成为畜牧业的良好饲

料,也是轻工业、医药工业的原料。

(一) 分类

玉米的分类通常按玉米粒色和粒质进行分类。

1. 按玉米粒色分类　按玉米粒色分类是各国广泛采用的分类方法,可分为以下各类:

(1) 黄玉米　黄玉米系指表皮为黄色的玉米。我国玉米标准规定:将玉米种皮为黄色,异色粒不超过5%的玉米为黄玉米。

(2) 白玉米　白玉米系指表皮为白色的玉米。我国玉米标准规定:种皮为白色,异色粒不超过5%的玉米为白玉米。

(3) 杂玉米或混合玉米　杂玉米或混合玉米系指各类玉米的混合体,各国包含的内容有所不同。我国玉米标准规定:按粒色和粒质可分为黄玉米、白玉米、糯玉米(黏性玉米)3类。杂玉米系指前3类玉米中,混入其他类型的玉米超过5%时,均为杂玉米。

2. 按玉米粒质分类　按玉米籽粒的外部形态和内部结构,一般可分为以下8个类型:

(1) 硬粒型　又称燧石型,果穗大多为圆锥形,玉米籽粒小,坚硬而饱满,表面有光泽,顶端突起呈圆形,胚乳除心部为粉质外,其他部分均为角质。蛋白质含量多,食味品质优良,有黄、白和红等颜色。硬粒型玉米种植较普遍,有较强的适应性。

(2) 马齿型　玉米果穗多为圆柱形,籽粒大而扁平呈长方形,顶部及中部为粉质胚乳,两侧胚乳为角质,成熟时顶部粉质胚乳较两侧角质胚乳干燥得快,故收缩凹陷成马齿状。马齿型玉米多为黄色和白色,少数为紫色和红色,品质低于硬粒型,适于磨粉,具有较高的丰产性能,现已遍及全国。

(3) 半马齿型　又称中间型,是硬粒型和马齿型的杂交种。半马齿型玉米籽粒顶部和胚乳中部为粉质,其他外围部分均为角质,成熟时顶端凹陷部分浅而小,甚至无凹陷。半马齿型玉米多为黄色和白色,食味品质比马齿型好,产量较高,分布较广。

（4）爆裂型　又称爆粒型，果穗与子粒均较小，子粒顶端为尖形或半圆形，胚乳为角质，质地坚硬透明，遇高热有较大的爆裂性，用爆裂型玉米加工的玉米花大于硬粒型玉米花。子粒粒形有米粒形和珍珠形2种，多为白色和红色。我国在河南、山东和浙江等地有零星种植。

（5）糯质型　又称蜡质蜡，是黏性玉米，籽粒胚乳全部为角质，断面呈蜡状，表面无光泽，淀粉全部为支链淀粉，水解形成糊精，富有黏性，故称糯玉米，品质较好。广西有少量种植，其他各地也有零星分布。

（6）甜质型　又称甜玉米。籽粒中含有大量可溶性碳水化合物（糊精），乳熟期含糖量多可达15%～18%，成熟后，子粒表面皱缩。甜质型玉米多在未完全成熟时食用或制作罐头。甜质型玉米以菜用为主。

（7）粉质型　又称软质型，籽粒粒形与硬质型玉米相似。胚乳几乎全部为粉质淀粉，质地松软，容重很低，外表无光泽，适于磨粉和酿酒。粉质型玉米在我国栽培很少。

（8）有稃型　果穗上每个籽粒外面都包有1片稃片，颖壳顶部有芒状的衍生物。是一种较为原始的类型，应用价值很低。

在上述8种类型玉米中，以硬质粒型和马齿型（马牙型）2种玉米最为重要，无论在生产上和贸易中均占主要地位。如美国玉米标准明确规定：玉米应含有50%或以上的整粒的脱粒马齿玉米或脱粒硬质玉米。在阿根廷玉米标准中，玉米分硬质玉米和马齿玉米2个类别。

（二）质量标准

我国玉米质量标准（GB1353－86）规定各类玉米按纯粮率分等。并对杂质、水分、色泽、气味等指标也分别做出明确规定（表7－4）。

表7-4 玉米质量标准（GB1353-1999）

等级	容重（g/L）	杂质（%）	水分（%）	不完善粒（%）		气泽、气味
				总量	其中生霉粒	
1	≥710					
2	≥685	≤1.0	≤14.0	≤5.0	≤2.0	正常
3	≥660					

注：水分含量大于表1规定的玉米的收购，按国家有关规定执行。

（三）质量检验项目

1. 色泽、气味 玉米的色泽和气味是评定玉米质量的重要因素。质量正常的玉米应具有其固有的色泽和正常玉米的气味。我国玉米标准规定，玉米的色泽和气味应正常。

对玉米颜色的要求，应具有本品固有的颜色。首先，类别的颜色，需具有本类别特有的颜色，如黄玉米应为黄色，白玉米应为白色。其次，本类别以外的玉米粒含量多时就会影响玉米颜色的纯正，各国对玉米中的异色粒均有限量的规定。

气味正常与否，可鉴别玉米是否处于完好状态，并可鉴别玉米的新鲜度，以及是否适合于人类食用。玉米气味的异常来自2个方面：由于质量发生变化，如发霉或腐坏所致；由于吸收异味而产生商业上所讨厌的气味，如肥料味、皮革味、油制品味、黄狼皮味或火烧烟熏味等。

2. 不完善粒 受到损伤尚有使用价值的颗粒。包括虫蚀粒、病斑粒、破损粒、生芽粒、生霉粒、热损伤粒。

3. 杂质 我国玉米标准规定，各等级的杂质含量均为1%，玉米杂质包括下列几种：

（1）筛下物 筛下物是指通过直径3.0mm圆孔筛的物质。

（2）无机杂质 无机杂质是指泥土、砂石、砖瓦块及其他无机物质。

（3）有机杂质 有机杂质是指无食用价值的玉米、异种粮粒及其他有机杂质。

4. 水分　玉米含水量的高低，是玉米在流通过程中是否变质的重要因素，因此各国对玉米含水量均有限量规定。

我国玉米含水量不分级别，均规定统一的限量。从一级至三级含水量均为14%。

5. 容重　我国玉米标准规定以容重定等，标准中的容重只适用于水分含量在23%（含）以下的玉米。

（四）质量检验方法

1. 色泽、气味检验　通过感官鉴别，良质玉米皮色呈白色、黄色、淡黄色和黄褐色等，色泽鲜艳，具有光泽；其气味为具有正常的固有气味；颗粒饱满，完整均匀一致，质地紧密，无霉变，无虫蛀，无杂质。

霉变的玉米可见胚部呈黄色、绿色或黑色菌丝；有霉味、酸味或其他异味；质地疏松，不完整或有严重的虫蛀或杂质。

2. 玉米容重的测定方法　从原始样品中用分样器分出平均样品二份，取一份平均样品约1000g，用上层筛孔直径12.0mm、下层筛孔直径3.0mm分两次进行筛选。取下层筛的筛上物混匀，作为测定容重的试样。将制备的试样倒入GHCS-1000型容重器（漏斗下口直径为40mm）的谷物筒内，装满刮平。再将谷物筒套在中间筒上，打开漏斗开关，让玉米自由下落，待试样全部经过中间筒落入容量筒后，关闭漏斗开关。用手握住谷物筒与中间筒的接全处，将插片准确地插入豁口槽中，依次取下谷物筒，拿起中间筒和容量筒，倒净插片上多余的试样，抽出插片，取下容量筒上的铁板底座，将容量筒放在电子秤上称量。

双试验允许差不超过3g/L，求其平均数，即为测定结果。

3. 水分鉴定方法　感官检验玉米的含水量高低的方法为：水分在14%～15%时，脐部收缩明显凹下，经齿碎时有震牙和清脆声音；用手掐比较费劲，大把握粮有刺手感。水分在16%～17%时，脐部凹下，经齿碎无震牙感，但能听到齿碎时发生的响声；

用手掐脐部时轻量掐入。水分在18%～20%时,脐部稍凹下,基本与胚乳相平。很易齿碎,稍有响声,有比较强的光泽。水分在21%～22%时,脐部不凹下,牙咬极易破碎,有较强的光泽;用手指甲掐能自动合拢。水分在23%～24%时,胚部稍突起,光泽强。水分在25%～30%时,胚部突出比较明显,光泽特别强,用手掐脐部有水渗出。

七、大豆的质量检验

大豆属于豆科、蝶形亚科、大豆属,是一年生草本植物。

(一)分类

大豆分类方法也很多,如按播种季节、生育成熟期、豆粒大小、用途和种皮颜色等分类。其中按大豆种皮颜色进行分类是国际贸易广泛采用的分类方法,我国也采用此种方法。可分为黄大豆、青大豆、黑大豆和其他色大豆(种皮为褐色、茶色、赤色)4类。

(二)质量标准

我国大豆质量标准(GB1352-86)规定大豆等级标准以纯粮率为主要指标,并根据色泽、气味、水分和杂质等指标进行分等,共分5个等级,见表7-5。

表7-5 大豆质量标准

等级	纯粮率(%) 最低指标	杂质(%)	水分(%) 东北、华北地区	水分(%) 其他地区	色泽、气味
1	96.0	1.0	13.0	14.0	正常
2	93.5				
3	91.0				
4	88.5				
5	86.0				

(三)质量检验项目

包括色泽和气味、不完善粒、杂质、水分、异色粒、含油量。

（四）质量检验方法

1. 色泽、气味检验　良质大豆，应具有该品种固有的色泽，鲜艳具有光泽；不论生或加工熟后应具有固有的豆香气味，无异味感；呈扁长椭圆形状，颗粒完整饱满，均匀一致，洁净。

劣质大豆，色泽灰暗，无光泽或失去原有的色泽，如表面附有绿色、黄色或黑色；有发霉的气味或其他不良的气味；颗粒不完善，碎粒多，有虫蛀，结块挂丝或霉粒，颗粒质疏松。

2. 纯粮检验　大豆的纯粮率是通过完善粒、不完善粒、杂质计算出来的。首先检验大豆的杂质（含大样杂质和小样杂质），算出大豆杂质总量％；其次检验大豆的不完善粒，算出大豆不完善粒％；最后可算出大豆的纯粮率％（即大豆的完善粒＋不完善粒1/2，占试样的百分率）。

3. 水分鉴定法　感官判定大豆水分主要应用齿碎法，并且要根据不同季节而定。水分相同，由于季节不同齿碎的感觉也不同。

(1) 冬季　水分在12％时，齿碎后可分成4～5块；水分在12％～13％以上时，虽然能够破碎，但不能碎成多块；水分在14％～15％时，齿碎后豆粒不破碎而形成扁状，豆粒四周裂成许多口，牙齿的痕迹会留在豆粒上，豆粒被牙齿咬过的部分出现透明现象。

(2) 夏季　水分在12％以下时，豆粒能齿碎和发出响声；水分在12％以上时，齿碎时不易破碎，没有响声。

4. 异色粒检验　按照标准规定，在检验大豆杂质、不完善粒的同时，拣出本品种以外的粮食或异色粒，称重后计算百分率。公式如下：

$$互混或异色粒 = \frac{异品种或异色粒重量}{试样重量 - （杂质重量 + 不易识别的颗重量）} \times 100\%$$

例如：检验黄大豆，从检验过大样杂质后的试样中，又分取试样100g，在检验一般杂质、不完善粒的同时，首先按大豆标准分类规定，拣出黑大豆0.9g、褐色大豆（含猫眼豆）5.5g，计算该黄大豆各种异色粒百分率如下：

黑大豆 $=\frac{0.9}{100}\times 100\%=0.9\%$

其他异色粒 $=\frac{5.5}{100}\times 100\%=5.5\%$

则异色粒总量 $=0.9\%+5.5\%=6.4\%$

第二节　蔬菜及果品品级鉴别

蔬菜和果品（简称果蔬）包括蔬菜、果品及其加工品。
一、蔬菜和果品的分类
（一）蔬菜分类
1. 按食用器官分类　按食用器官可将蔬菜分为根菜类、茎菜类、叶菜类、花菜类、果菜类以及食用菌类。

（1）根菜类　根菜类是以变态的、肥大的肉质根部作为食用的蔬菜。按其生长形状不同又可分为直根类和块根类。

（2）茎菜类　茎菜类是以肥嫩变态茎作为食用的蔬菜。可分为肥茎类、嫩茎类、块茎类和球茎类。

（3）叶菜类　叶菜类是以叶片和肥嫩的叶柄作为食用的蔬菜，是品种最多的一类蔬菜。按栽培方法不同可将叶菜分为普通叶菜、结球叶菜、鳞茎状菜和香辛菜4种。

（4）果菜类　果菜类是蔬菜中的一大类别，是以果实和幼嫩的种子作为食用。可分为茄果类、瓜类和豆类。

（5）花菜类　是以幼嫩的花器或花枝作为食用的蔬菜。可分为花器菜和花枝菜。

（6）食用菌类　食用菌类主要是大型无毒可供食用的真菌子实体，主要指鲜品。主要品种有蘑菇、香菇、木耳、金针菇、草菇和平菇等。

2. 按农业生物学分类　根据栽培技术和蔬菜的生长发育习性

进行分类,可分为根茎类、白菜类、芥菜类、甘蓝类、绿叶菜类、葱蒜类、茄果类、瓜类、豆类、水生菜类、多年生菜类和食用菌类等12种。

(二)果品的分类

1. 按果实结构和食用部分分类

(1) 仁果类　如苹果、梨和山楂。

(2) 核果类　如桃和枣。

(3) 浆果类　如葡萄和香蕉。

(4) 坚果类　如核桃和板栗。

(5) 柑橘类　如柑、橘、甜橙、柚和柠檬。

(6) 复果类　如菠萝、菠萝蜜和面包果。

(7) 瓜类　主要指甜瓜和西瓜。

2. 按商业经营分类　将果品分为鲜果、干果、瓜果及其加工制品4大类。

二、蔬菜和果品的采收

(一) 采收时间

蔬菜和水果采收时间的确定主要取决于其成熟度。

1. 可采成熟度　指菜果的体积已不再增长,外部形态已呈现出该品种的基本性状,但尚未成熟。此时采收的菜果,发硬、风味差,但营养已达到较高点,宜于就近销售和加工,不宜长途运输和长期贮藏。主要是根据品种和加工要求而定。

2. 食用成熟度　指菜果已经成熟,表现出品种应有的色、香、味和质地,采收后即可食用。

3. 生理成熟度　是指已经成熟,质地绵软,风味淡,种子已经完全成熟,不适于食用,更不耐贮,主要留做种子用,坚果和菜子适于此时采收。

(二) 采收方法

菜果的采收方法主要有人工采收和机械采收2种方法,目前我国主要是采用人工采收,机械采收多用做加工制品的原料。

不同种类不同品种的菜果需用不同的采收工具和采收方法，为使采取的菜果保质保量应注意以下4点：

1. 全过程务必防止机械刮伤。

2. 采收时应注意气候条件，防止雨淋和霜冻。应在晨露消失、露水已干的晴天进行，应避开中午。

3. 果品要掌握根据成熟情况分期采收的原则。

4. 采收的菜果应在露天放置一段时间后再包装和运输，以便散发"田间热"。

三、蔬菜和果品的分级和检验

（一）分级

果品的分级主要是根据果品的品质、颜色和大小3个方面来进行。其中，果品的品质包括果形、成熟度和病虫伤害等项目，颜色是果品进行分级的项目，而果品的大小是果品分组的项目，不论哪一组，其品质和颜色的需求在同一等级内必须是一致的。

果实比较大，如苹果、梨等一般分3～4级，小型而柔软的果实，如葡萄、樱桃、草莓等，一般分为2级。其中葡萄的分级是以果穗为单位，同时要考虑果粒的大小。

果品的分级一般是依照标准规定的项目凭感官鉴定。果实的大小，除用目测或手测外，还可用简单的器械（如圆孔分级板或光电分级机等）。果实的硬度则以压力式硬度计测定。

蔬菜除根据品质、颜色和大小3个方面分级外，还要求蔬菜清洁、修整状况良好、不带泥土或黄烂帮叶等。

菜果分级的基本质量指标有形状、大小、色泽、成熟度、损伤和病虫害等6项。

（二）质量检验

1. 果品的感官鉴别

（1）目测　观测指标主要有果形、果个、果面和果色。

①果形　主要是指果品是否具备了每个品种应该具有的外形，即该品种的固有的端正果形。

②果个 是果品评定等级的基本指标之一。不同的种类、不同的品种其果实大小不一。一般果个中等偏大且个头均匀整齐者为佳品。

③果面 果面的亮暗、粗细充分体现了果实的内在质量。一般果面发灰、发暗、发青，则果面缺少应有的光泽，出现各种斑点、起皱和开裂等降低品质的不良后果。

④果色 对每一个品种而言，都应有其本品种特定的果实颜色，一般来讲，在本品种应具有的颜色内越鲜艳越好。

(2) 鼻嗅 各类果品，每个品种都具有各自所特有的芳香气味。如果果品发生病变、腐烂和变质等，都会明显地降低其特有的香味或产生异味以及不良气味。

(3) 口尝 主要是通过口尝果品的滋味来判定果品是否达到了本品种应具有的口味和口感，同时可根据自己的口味要求来选择符合自己口味的果品。有些果品往往外观很佳，但口味很差。一般来讲，同一树种的鲜果，上市早的果品酸味较重，品质一般，不耐贮藏；上市晚的果品则味甜或甜酸适口，品质较佳。同一品种，采收过早、未达到成熟度的或着色差的果实其味酸质量差；而采收适当、达到成熟度要求的、着色良好的果实，其味甜或甜酸适口、质量佳。

(4) 手感 通过用手触摸果实硬度、外观光洁程度和果皮厚度，来判定果实品质的优劣。优良的果品（坚果类除外），一般手捏果实软硬适度，果肉丰满紧实，手感光滑。如轻按压果皮而果肉下陷，若是桃则说明果实过熟；若是苹果则说明果肉松散变绵，品质下降。

2. 蔬菜的感官检验

(1) 根菜类 根菜类主要检验其中的代表品种秋大萝卜，该品种多为大型和中型种，这类萝卜品质好、耐贮藏、用途多。经感官鉴别可分出良质、次质和劣质。

①良质 色泽鲜嫩，肉质松脆多汁；肉质根部粗壮，大小均

匀，无损伤；表皮光滑不开裂，不糠心，不空心；无病虫害；用手弹击时有实心。

②次质　肉质松脆多汁，不糠心，不空心，不黑心；无损伤、无病虫害；大小不均匀，形状不匀称；表皮粗糙但不开裂。

③劣质　大小不匀，有损伤；表皮粗糙且开裂；肉质绵软，有糠心；用手弹击时有空心或弹性。

(2) 茎菜类　茎菜类主要检验其中代表品种马铃薯。马铃薯既是蔬菜，也是粮食，是世界5大食用作物之一。其味道适口、营养丰富、淀粉含量高，是蔬菜中可供人体热能最多的品种之一。

①良质　薯块肥大，大小均匀；皮薄干净，无泥土、无伤疤、无糙皮；无病薯，无虫咬；薯块不发芽，不变绿。

②次质　薯块大小不均匀，带毛根或泥土；并混有少量带疤、虫蛀或机械伤的薯块均为次质。

③劣质　薯块小而不均匀；有损伤或虫蛀；薯块萎蔫变软；薯块发芽或变绿；有腐烂气味。

(3) 叶菜类　叶菜类的蔬菜品种多，是市场供应中的主要蔬菜，其中消费量最多的是大白菜，在整个蔬菜生产和供应中都占有重要位置。根据上市时间的早晚，分为早、中、晚熟品种，中晚熟品种即是窖白菜，是我国冬春供应的主要蔬菜。

①良质　叶色深绿，干爽无泥；根削平，外形整齐，菜棵大小均匀；无黄叶、无烂叶，允许保留4~5片较老的绿色外叶；无软腐病，无虫害，无机械伤。

A. 良质菜的成熟度　一级窖白菜的成熟度达到八成心即可，充分成熟反而不耐贮藏。

B. 良质菜的水分含量　菜质鲜嫩，或经过适当晾晒，使其外表散失部分水分，使组织变软，可以减少机械损伤，有利于贮藏。但晾晒要适度，判定方法是菜棵直立时，外叶垂而不折。

②次质　叶色浅绿，干爽；根削平，外观不整洁，菜棵大小

不均匀；无软腐病，无虫害，无机械伤；其成熟度、水分含量同一级白菜；无烂叶，带有泥土或黄叶。

③劣质　菜棵包心不实，"八成心"以下；外形不整，大小不一，外叶有软腐病或机械伤；根部有泥或有黄叶、烂叶。

(4) 果菜类　果菜类蔬菜是我国夏季的主要蔬菜，可在保护地进行四季生产，其代表品种为黄瓜和番茄。

①黄瓜　原名胡瓜。

A. 良质　鲜嫩带白霜，以顶花带刺为品质最佳；瓜条直，均匀整齐，无折断损伤；皮薄肉厚，清香爽脆，无苦味；无病虫害。

B. 次质　瓜条弯曲不均匀，但无折断损伤、无畸形瓜；瓜条萎蔫不新鲜。

C. 劣质　颜色近黄或黄色；瓜畸形，并有大肚、尖嘴、蜂腰等；肉质发糠、有苦味；瓜条上有病斑或烂斑。

②番茄　又名西红柿。已成为我国主要蔬菜之一，其果实味甜汁多，营养丰富，口味好，既是菜，又是一种大众化的水果。

A. 良质　表面光滑，颜色均匀，有3/4表面呈红色或黄色；果大均匀饱满，果形圆正，无破裂、允许果肩上部有轻微的环状裂痕或放射性裂痕；果肉充实，果味甜酸适口；无筋腐病、无脐腐病，无病虫害。

B. 次质　表面着色不均匀或果实青，成熟不好；果质变形不圆整；呈长椭圆形；果肉不饱满，有空洞。

C. 劣质　果形呈不规则的瘤状突起或果脐处与果皮处裂开（脐裂果）；果破裂，有异味；有筋腐、脐腐、日烧等病害或虫害。

(5) 食用菌　食用菌是一种特殊的蔬菜，属于低等植物菌类的真菌，主要有木耳、银耳、蘑菇、草菇和平菇等，被人们称为"保健食品"。

第三节 畜禽产品品级鉴别

一、畜禽肉的质量检验

(一) 形态结构

肉的形态为红色、较软、湿润,有特有的肉香味。有些肉上面附着白色的脂肪,结缔组织一般分布于肉的中间,形成肉所特有的形态。

肉由肌肉组织、脂肪组织、结缔组织和骨组织所构成。又因屠畜禽的种类和肥育程度不同,这些组织的成分和比例也不同。其组成的百分比大致为:肌肉组织50%~60%,脂肪组织20%~30%,骨组织15%~20%,结缔组织9%~11%。除此以外,还包括占比例很少的神经组织、淋巴及血管等。

(二) 肉新鲜度的检查及卫生标准

肉新鲜度的检查,一般采用感官检查和实验检查的综合方法,才能比较客观地对其卫生状况做出判断。

1. 感官检查 感官检查是通过视觉、触觉、嗅觉和味觉来鉴定肉品卫生质量。根据肉品表面和切面的状态,如颜色、弹性、气味、黏度以及煮沸后肉汤的变化等来判别。我国《食品卫生标准》中对各类肉已颁布了国家卫生标准。

表7-6 鲜猪肉感官指标 (GB2722-B1)

项目	新鲜肉(一级鲜度)	次鲜肉(二级鲜度)	变质肉*
色泽	肌肉有光泽,红色均匀,脂肪洁白	肌肉色稍暗,脂肪缺乏光泽	肌肉无光泽,脂肪灰绿色
黏度	外表微干或微湿润,不黏手	外表干燥或黏手,新切面湿润	外表极度干燥或黏手,新切面发黏
弹性	指压后凹陷立即恢复	指压后凹陷恢复慢,且不能完全恢复	指压后凹陷不能恢复,留有明显痕迹
气味	具有鲜猪肉的正常气味	稍有氨味或酸味	有臭味

续表

项目	新鲜肉（一级鲜度）	次鲜肉（二级鲜度）	变质肉*
煮沸后肉汤	透明澄清，脂肪团聚于表面，具有香味	稍有混浊，脂肪呈小滴浮于表面，无鲜味	混浊，有黄色絮状物，脂肪很少，浮于表面，有臭味

*变质肉感官指标未列入国家标准，检查时可参考进行评定（下同）

(1) 鲜猪肉卫生标准 鲜猪肉是指生猪屠宰加工，经动物性食品卫生检验符合市场鲜销而未经冷冻的猪肉，见表 7-6、表 7-7。

表 7-7 鲜猪肉理化指标（GB2722-81）

项目	指标	
	一级鲜度	二级鲜度
挥发性盐基氮（mg/100g）	≤15	≤25
汞（mg/kg，以汞计）	≤0.05	

(2) 鲜牛肉、鲜羊肉、鲜兔肉卫生标准 鲜牛肉、鲜羊肉、鲜兔肉是指活牛、羊、兔屠宰加工，经动物性食品卫生检验符合鲜销而未经冷冻的牛肉、羊肉、兔肉，见表 7-8、表 7-9。

表 7-8 鲜牛肉、鲜羊肉、鲜兔肉感官指标（GB2723-81）

项目	新鲜肉（一级鲜度）	次鲜肉（二级鲜度）	变质肉*
色泽	肌肉有光泽，脂肪洁白或淡黄色	肌肉色稍暗，切面尚有光泽，脂肪缺乏光泽	肌肉色暗，无光泽，脂肪黄绿色
黏度	外表微干或有风干膜，不黏手	外表干燥或黏手，新切面湿润	外表极度干燥或黏手，新切面发黏
弹性	指压后凹陷立即恢复	指压后凹陷恢复慢，且不能完全恢复	指压后凹陷不能恢复，留有明显痕迹
气味	具有鲜猪肉的正常气味	稍有氨味或酸味	有臭味

续表

项目	新鲜肉（一级鲜度）	次鲜肉（二级鲜度）	变质肉*
煮沸后肉汤	透明澄清，脂肪团聚于表面，具有香味	稍有混浊，脂肪呈小滴浮于表面，香味差或无鲜味	混浊，有白色或黄色絮状物，脂肪很少，浮于表面，有臭味

表7-9 鲜牛肉鲜羊肉鲜兔肉理化指标（GB2723-81）

项目	指标					
	一级鲜度			二级鲜度		
	牛	羊	兔	牛	羊	兔
挥发性盐基氮（mg/100g）	≤15	≤15	≤15	≤25	≤25	≤25
汞（mg/kg，以汞计）	≤0.05					

（3）鲜鸡肉卫生标准　鲜鸡肉是指活鸡经宰杀加工，经动物性食品卫生检验符合市场鲜销而未经冷冻的鸡肉，见表7-10、表7-11。

表7-10 鲜鸡肉感官指标（GB27274-81）

项目	新鲜肉（一级鲜度）	次鲜肉（二级鲜度）	变质肉*
眼球	眼球饱满	眼球皱缩凹陷，晶体稍混浊	眼球干缩凹陷，晶体混浊
色泽	皮肤有光泽，因品种不同而呈淡黄、淡红、灰白或灰黑等色，肌肉切面发光	皮肤色泽较暗，肌肉切面有光泽	体表无光泽，头颈部常带暗褐色，肉质松软，呈暗红、淡绿或灰色
黏度	外表微干，微湿润，不黏手	外表干燥或黏手，新切面湿润	外表干燥或黏手，新切面发黏

续表

项目	新鲜肉（一级鲜度）	次鲜肉（二级鲜度）	变质肉*
弹性	指压后凹陷立即恢复	指压后凹陷恢复慢，且不能完全恢复	指压后凹陷不能恢复，留有明显痕迹
气味	具有鲜鸡肉正常的气味	无其他异味，唯腹腔内有轻度不快味	体表与腹腔内均有不快味或臭味
煮沸后肉汤	透明澄清，脂肪团聚于表面，具有特殊香味	稍有混浊，脂肪呈小滴浮于表面，香味差或无鲜味。	混浊，有白色或黄色絮状物，脂肪很少，浮于表面，有臭味。

表7-11 鲜鸡肉理化指标（GB2724-81）

项目	指标	
	一级鲜度	二级鲜度
挥发性盐基氮（mg/100g）	≤15	≤25
汞（mg/kg，以汞计）	≤0.05	

（4）冻猪肉卫生标准 冻猪肉是指生猪屠宰加工，经动物性食品卫生检验，符合冷冻条件并经冷冻的猪肉，见表7-12、表7-13。

表7-12 冻猪肉感官指标（GB2707-81）

项目	一级鲜度	二级鲜度
色泽	肌肉有光泽，色红均匀。脂肪洁白，无霉点	肌肉色稍暗红，缺乏光泽，脂肪微黄或有少量霉点
组织状态	肉质紧密，有坚实感	肉质软化或松弛
黏度	外表及切面微湿润，不黏手	外表湿润，微黏手，切面有渗出液，不黏手
气味	无异味	稍有酸味或霉味

表 7－13　冻猪肉理化指标（GB2707－81）

项目	一级鲜度	二级鲜度
挥发性盐基氮（mg/100g）	≤15	≤25
汞（mg/kg，以汞计）	≤0.05	

（5）冻牛肉卫生标准　冻牛肉是指活牛屠宰加工，经动物性食品卫生检验，符合冷冻条件并经冷冻的牛肉，见表 7－14、表7－15。

表 7－14　冻牛肉感官指标（GB2708－81）

项目	新鲜肉（一级鲜度）	次鲜肉（二级鲜度）
色泽	肌肉色红均匀，有光泽，脂肪白色或微黄色	肉色稍暗，肉与脂肪缺乏光泽，但切面尚有光泽
黏度	肌肉外表微干或有风干膜，湿润，但不黏手	外表干燥或轻度黏手，切面湿润黏手
组织状态	肌肉结构紧密，有坚实感，肌纤维韧性强	肌肉组织松弛，肌纤维有韧性
气味	具有牛肉的正常气味	稍有氨味或酸味
煮沸后肉汤	澄清透明，脂肪团聚于表面，具有鲜牛肉汤固有的香味和鲜味	稍有混浊，脂肪呈小滴浮于表面，香味和鲜味较差

表 7－15　冻牛肉理化指标（GB2708－81）

项目	一级鲜度	二级鲜度
挥发性盐基氮（mg/100g）	≤15	≤25
汞（mg/kg，以汞计）	≤0.05	

（6）冻羊肉卫生标准　冻羊肉是指活羊屠宰加工，经动物性食品卫生检验，符合冷冻条件并经冷冻的羊肉，见表 7－16、表7－17。

表 7-16 冻羊肉感官指标

项目	新鲜肉（一级鲜度）	次鲜肉（二级鲜度）
色泽	肌肉色鲜艳，有光泽，脂肪白色	肉色稍暗，肉与脂肪缺乏光泽，但切面尚有光泽，脂肪稍发黄
黏度	外表微干或有风干膜，湿润不黏手	外表干燥或轻度黏手，切面湿润黏手
组织状态	肌肉结构紧密，有坚实感，肌纤维韧性强	肌肉组织松弛，肌纤维有韧性
气味	具有羊肉的正常气味	稍有氨味或酸味
煮沸后肉汤	澄清透明。脂肪团聚于表面，具有鲜羊肉汤固有的香味、鲜味	稍有混浊，油珠呈小滴浮于表面，香味差或无鲜味

表 7-17 冻羊肉理化指标（GB2709-81）

项目	一级鲜度	二级鲜度
挥发性盐基氮（mg/100g）	≤15	≤25
汞（mg/kg，以汞计）	≤0.05	

感官检查值得注意的是，当检查任何腐败变质的肉类时，总是最先依据其腐败气味而被检出的。但是仅仅依靠腐败气味，并不能作为全部肉类变质的绝对依据。这是因为畜禽肉具有容易吸收外来气味的特点，特别是完全正常的肉与少量腐败变质的肉放在一起，或者没有清除干净的血污迅速发生腐败时，则腐败气味很易被肉吸收甚至转移到肉内。因此，要采取各种辅助方法做进一步检查。如把被检肉切成许多小块，每块重为 2～3g，放入盛有冷水的烧瓶内，瓶口用玻璃盖严，加热煮沸，然后将盖揭开，判断其气味，同时注意肉汤的透明度及其表面浮游脂肪的状态。

2. 实验室检验　主要包括理化检验和细菌学检验。

（1）理化检验　主要有挥发性盐基氮测定、氢离子浓度（pH值）测定、氨的测定、硫化氢试验和球蛋白沉淀试验等。上述试验的指标，仅供参考。《全国肉与肉制品卫生管理办法》课题协作会议上，在评价上述各种方法时认为，挥发性盐基氮，在肉的变质过程中，能有规律的反映肉品质量鲜度变化，对新鲜肉、次鲜肉、变质肉之间差异非常显著，并与感官变化一致，是评定肉品质鲜度变化的客观指标。

（2）细菌学检验　主要有细菌菌落总数的测定、大肠菌群的测定以及病原菌的检查。检查肉的细菌污染情况，不仅是判断肉新鲜度的依据，也反映肉在产、运、销过程中的卫生状况，为及时采取有效措施提供依据。

近年来，国家对无公害食品制定了一系列新的卫生标准。现介绍一例如下：

中华人民共和国国家标准　猪肉 NY5029－2001，见表7－18、表7－19。

表7－18　无公害猪肉理化指标

项目	指标
解冻失水率（%）	≤8
挥发性盐基氮（mg/100g）	≤15
汞（mg/kg）	按 GB2707
铅（mg/kg）	≤0.50
砷（mg/kg）	≤0.50
镉（mg/kg）	≤0.10
铬（mg/kg）	≤1.0
666（mg/kg）	≤0.10
DDT（mg/kg）	≤0.10
金霉素（mg/kg）	≤0.10
土霉素（mg/kg）	≤0.10
氯霉素	不得检出

续表

项目	指标
磺胺类（mg/kg）	≤0.10
伊维菌素（mg/kg）	≤0.02
盐酸克伦特罗	不得检出

表7－19　无公害猪肉微生物指标

项目	指标
菌落总数，cfu/g	$\leq 1\times 10^6$
大肠杆菌，MPN/100g	$\leq 1\times 10^6$
沙门氏菌	不得检出

（三）注水肉的鉴别

1. 猪肉　猪肉注水后，表面看上去水淋淋的，瘦肉组织松弛且颜色较淡；用手摸猪肉表面，注水肉没有黏性；用刀切开肉，注水肉弹性差，刀切面合拢有明显痕迹；将卷烟纸贴在瘦肉上，过一会儿揭下纸，将其点燃，有明火的，说明纸上有油，肉没有注水，反之则是注水肉。将普通纸贴在肉上，正常鲜猪肉有黏性，纸不易被揭下，注水肉无黏性，很容易揭下。

2. 牛肉　牛肉注水后，肉纤维更显粗糙，暴露纤维明显。因为注水，使牛肉有鲜嫩感，但仔细观察肉面，常有水分渗出；用手摸肉，不黏手，湿感重；用干纸贴在牛肉表面，纸很快即被湿透。而正常牛肉手摸不黏手，纸贴不透湿。

3. 鸡鸭肉　注水鸡鸭的肉，皮上有红色针点，周围呈乌黑色；手指在鸡鸭的皮层下一掐，会明显感到打滑；富有弹性，用手拍会听到"波波"的声音；摸起来会感到高低不平，好似长有肿块。而未注水的鸡鸭，摸起来很平滑。

（四）死猪肉的鉴别

死猪肉皮肤一般都有出血点或血痕，颜色发暗，肌肉无光泽，无弹性，用手指按压后，其凹陷部不能立即恢复；放血刀口的切面平滑，无血液浸润区；放血不全，血管内有较多的血液，呈紫红色，且血液中有气泡；肌肉黏软，有的肌肉平切面有淡黄色或粉红色液体，有的流出紫色或紫黑色液体；脂肪由于没有放血或放血不全而呈红色、粉红色、黄色或绿色；皮肤有出血、充血点、疤块和黄染等病理变化；淋巴结常见肿大、充血、出血、淤血和水肿等病理变化，一般呈灰紫色或暗紫色；有血腥味、尿臊味、腐败味及异香味。

（五）米猪肉的鉴别

米猪肉就是患囊虫病的猪肉，这种肉对人体危害极大，不能食用。囊包虫呈石榴籽状，寄生在肌纤维（瘦肉）中，咬肌是囊包虫寄生的地方。识别时可用刀子在肌肉上切，一般厚度1cm，每隔1cm切一刀，4~5刀后，仔细观察切面，如见肌肉上附有石榴籽大小的水泡状物，此物即是囊包虫。

（六）母猪肉的鉴别

母猪肉除皮厚肉粗外，猪皮毛孔深而大，奶头粗且长，脂肪层较疏松，与肌肉结合不紧，肌肉纤维纹理粗糙，呈污红色，骨断面呈黄色，并有黄色的油样液体渗出。

（七）牛肉和马肉的区别

1. 从肌肉的色泽看　嫩牛肉呈淡红色或红色，老牛肉呈深红色，肉质的切面有光泽；马肉呈深红色、棕红色或苍红色。

2. 从肌纤维上看　牛肉肌纤维较细，切面颗粒感不明显；马肉肌纤维较粗，间隙大，切面有明显的颗粒感。

3. 从肌肉的嫩度上看　牛肉质地结实，韧性较强，肉质较老，马肉质地较脆，韧性较差，肉质较嫩。

4. 从肌肉的脂肪上看　牛肉脂肪呈白色，肌纤维间脂肪明显切面呈大理石状；马肉脂肪呈黄色，柔软而黏稠，肌纤维间很少夹杂脂肪。

5. 从肌肉的气味来感觉　牛肉具有固有的腥味；马肉缺乏这

种腥味。

（八）山羊肉和绵羊肉的区别

羊肉有山羊肉与绵羊肉之分。按放牧时间长短不同，又分为小羊和老羊2种。

1. 绵羊肉色重，膻味轻，表面布有白色脂肪层。山羊肉色淡，膻味重，表面则没有这种脂肪层，脂肪呈白色凝固状态。

2. 羊肉肌纤维细，切面呈细颗粒状，肌间和表面有少量脂肪分布。中等肥羊肉的肌间和表面脂肪较多，有羊肉特有的膻味，肌肉呈暗红色。小羊肉的肉色浅红，肉质坚实而细密，脂肪匀称、色白，关节处的骨质较软、湿润而带红色。而老羊肉肉色深红，肉质较粗，关节处的骨质硬且呈白色。

二、肉类检疫的判断

辨别肉类是否经过检疫的方法，一般要从3个方面来看。

1. 是否有合格的畜禽产品检疫（验）证明或市场复检单。

2. 看肉上是否有兽医验讫印章和检疫标志。

3. 看肉上是否有检疫（验）刀迹。

如果上述3项都具备，就是经过了检疫的肉。

练习题

1. 我国现行的粮油商品分哪几种？怎样分类的？

2. 粮油样品分哪几类？

3. 试述样品分样的四分法。

4. 试述粮食水分的鉴定方法。

5. 我国国家标准对商品稻谷是如何规定的？粳、籼、糯稻谷（米）如何区分？

6. 商品玉米是怎样分类的，分为哪几类？

7. 大豆以什么项目定等？分几个等？

8. 按食用器官（食用部分），蔬菜和水果各可分为哪几类？

9. 蔬菜和水果的分级指标各是什么？

10. 试述叶菜类的感官鉴别。

11. 如何进行肉新鲜度的检查?
12. 鲜猪肉的感官检查指标有哪些?
13. 注水肉如何鉴别?
14. 如何鉴别死猪肉、米猪肉、母猪肉?
15. 牛肉和马肉如何鉴别?

第八章 农产品包装、储存和运输

第一节 农产品包装

一、分类

（一）运输包装

运输包装又称大包装或外包装，是将货物装入特定容器，或以特定方式成件或成箱的包装。其作用一是保护货物在长时间和远距离的运输过程中不被损坏和散失；二是方便货物的搬运、储存和运输。

1. 单件运输包装 是指农产品在运输、装卸和储存中作为一个计件单位的包装，如纸箱、木箱、铁桶、纸袋和麻袋等。

2. 集合运输包装 是指将一定数量的单件包装组合成一件大的包装或装入一个大的包装容器内，包括托盘和集装袋等。

（二）销售包装

销售包装又称小包装、内包装或直接包装，是指产品以适当的材料或容器所进行的初次包装。销售包装除了保护农产品的品质外，还有美化农产品、宣传推广、便于陈列展销、吸引顾客和方便消费者识别、选购、携带和使用，从而能起到促进销售、提高农产品价值的作用。

二、要求

（一）标准化

标准化是指对农产品包装所用的材料、结构造型、规格、容量及农产品的盛放、衬垫、封装方法、名词术语、印刷标志和检验要求等加以统一规定的一项技术性措施；是根据产品的理化性质、生物性质、形状、体积和重量，在有利于农产品的生产、流通、安全和节约的原则下，制定的统一标准，使同种同类产品的包装趋于一致。

（二）系列化

系列化是指在同类产品的标准包装中，为了满足不同盛量的需要，并适应盛装其他产品的通用范围，按照一定的规律和经济技术要求，确定一系列不同规格、不同容量的包装形式，组成一套产品包装标准系列。

（三）通用化

通用化是指在设计包装时，不仅要适应一种产品的要求，而且要尽可能地考虑到能够在多种产品之间通用。

产品包装的"三化"，不仅可以扩大产品包装的使用范围，促使回收复用，节约包装材料，而且对保护产品安全，适应运输工具的装载能力，便于装卸搬运、交换、堆码和提高劳动生产率，便于实行储运作业机械化、降低物流费用等，都具有重要作用。

三、决策

（一）相似包装

相似包装是指在所销售的农产品包装上采用相似的图案、颜色，体现共同的特征。其优点是能节约设计和印刷成本，树立良好的形象，有利于新产品的推销。但有时也会因为个别产品质量下降影响到其他产品的销路。

（二）差异包装

差异包装是指所经营的各种产品都有自己独特的包装，在设计上采用不同的风格、色调和材料。能避免由于某品种推销失败而影响其他品种的声誉，但会增加包装设计费用和新产品促销费用。

（三）复用包装

复用包装是指包装内的产品用过之后，包装物本身还可做其他用途使用。

(四) 分等级包装

分等级包装是指对同一种农产品采用不同等级包装,以适应不同的购买力水平。如送礼用的水果包装和自用的采用不同档次的包装。

(五) 改变包装

改变包装是指当某种产品销路不畅或长期使用一种包装时,可以改变其包装设计、包装材料,使用新的包装。这可能使顾客产生新鲜感,从而扩大产品销售。

第二节 农产品储存

一、储存概念及储存业务管理的任务

(一) 储存的概念

利用仓库存放未及时使用的物品的行为。从动态角度讲,储存是对有形物品提供存放场所、物品存取过程和对存放物品的保管、控制的过程。

(二) 储存业务管理的任务

1. 建立健全仓库管理的有关规章制度,尽量降低人力、财力和物力消耗,加强防火、防盗、防汛、防意外事故的工作,做到安全、经济,逐步实现仓储设施的现代化。

2. 不断完善各要素的优化组合、配置,提高仓库利用率、设备利用率和职工劳动效率,合理堆码货物,简化出入库手续,收货发货准确无误,做到储存多、进出快。

3. 根据货物的属性,确定合理的存放地点,妥善堆码,科学养护,尽量降低损耗。

二、储存期间的各种损失

(一) 氧化

某些农产品,如毛、棉、麻和丝等天然纤维,由于长期接触阳光和空气，与氧发生化学作用，会使这些天然纤维褪色、变色、老化、脆化或分子链裂解，造成纤维强度大大的下降，这就是氧化。因此，在储存过程中要防止产品裸露在外，避免暴晒和阳光照射，保持仓库内的通风散热和阴凉干燥。

（二）自燃

有些农产品会发生自燃，因此会带来损失，并可能造成火灾。

（三）溶化

有些农产品，当吸收水分达到一定程度时，就会发生溶化现象，部分或全部变为液体，造成损失。防止发生溶化的基本措施是降低空气湿度。

（四）破碎

要采用适当的包装材料和包装方式，包装物要坚固结实，使货物不至于受挤压，装卸、搬运、翻堆倒垛时要轻拿轻放。

（五）其他损失

在农产品储存过程中，还有虫害、鼠害、渗漏以及由微生物引起的霉变等，使农产品产生损失。

三、储存方法

（一）常规储存

常规储存是指采用一般库房，不配备其他特殊技术设施的储存方式。其特点是简单易行，适宜储存含水分较少的干性耐储货物。应注意通风，储存时间不宜过长。

（二）沟藏和堆藏

1. 沟藏 将农产品如蔬菜堆放在沟或坑内，达到一定的厚度，上面一般只用土覆盖。沟藏的保温保湿性能比堆藏好，广泛应用于我国北方地区，多用来储存根菜。

2. 堆藏 将农产品如蔬菜直接堆放在田间地面或浅坑中，或在阴棚里堆成圆形或长条形的垛，表面用土壤和席子、秸秆等覆盖。堆山藏的宽度和高度应根据当地气候特点、产品本身的种类和用途而定。

（三）窖窑储存

这种储存方式在我国南北方各地都有，有多种形式，如棚窖、井窖和窑窖（西北的黄土高原常采用这种方式）。窑窖通常是在土质坚实的山坡或土丘上挖窑洞。为避免阳光直射，窖身多是坐南朝北或坐西朝东。

（四）通风库储存

通风库是砖、木、水泥结构的固定式建筑。利用空气对流的原理，引入外界的冷空气而起降温作用，在建造时设置了完善的通风系统和隔热结构，可以常年和长期使用，主要适用于北方地区，但上海、南京等地也有使用。

（五）冷藏储存

在温暖的地区和季节，缺乏自然条件降温时，就须采用人工降温的方法以达到低温即人工冷藏，包括冰藏（冰藏、冰窖贮藏）和机械冷藏（冷库、冷藏车、冷藏柜、电冰箱）。

（六）气调保鲜储存

气调保鲜储存是调整储存环境的气体成分进行冷藏的方法，是一种由冷藏、减少环境中氧气、增加二氧化碳构成的综合保鲜方法。气调保鲜的方法，主要有快速降氧、自然降氧和减压降氧。在气调中要恰当地掌握每一种农产品的储存温度和气体成分的含量，这是气调保鲜的关键。具体方法有塑料小包装、硅橡胶窗（可使袋内的二氧化碳通过硅窗向外扩散，使氧气进入袋内）、充氮降氧及气调冷库等。适用范围较广，特别适合储存鲜活农产品，如果品和蔬菜等。随着塑料工业的兴起和发展，果蔬自发气调储存的容器已被各种类型的塑料薄膜所代替，并且迅速推广。有些地区选用不同配方和厚度的塑料薄膜做成袋或大帐，将水果或蔬菜封闭在袋或帐中储存。由于薄膜有一定的透气性，在比较稳定适宜的低温下，袋或帐内可较长期地保持二氧化碳和氧的恒定浓度和比例，符合果蔬储存的气调环境要求。

四、仓库及其分类

（一）仓库

仓库是保管、存储物品的建筑物、场所和设备的总称。

（二）仓库的分类

1. 根据保管货物不同分类

（1）保温仓库　主要用于储存一些对温度和湿度等有特殊要求的仓库，恒温、恒湿和冷藏库都属于这一类。一般用于粮食、水果、蔬菜和肉类等的储存。仓库的建筑上要进行防寒、隔热和密封等特殊处理，并配备专门的设备，如制冷机和空调等。

（2）特种仓库　用于专门储存粮食的粮仓及储存危险品的仓库。需针对货物的特性提供特殊的保管条件。

（3）一般仓库　指用于存放一般货物，这些货物对仓储条件无特殊要求，仓库的设备较简单。

（4）保税仓库　是设置在一国国土之上，但在海关关境以外的仓库。进口货物可以免税进出这些仓库而无需办理通关手续。经批准后，可在保税仓库内对货物进行加工、存储、包装和整理等业务。对于在划定的更大区域内的货物保税，可称之为保税区。

2. 按仓库的结构不同分类

（1）筒仓　用于存放散装的小颗粒或粉末状货物的圆筒状的封闭式仓库，如粮仓。

（2）露天堆场　指露天堆放货物的场所，如木材堆放的地方。

（3）多层仓库　一般设在地价高的大中城市的市区内，呈阶梯状的叠层，各层设平台，供起重机将货物吊至此处，再移至库内。

（4）立体仓库　利用库内的高层货架来存放货物，库内配备自动化的搬运设备。

（5）平房仓库　没有上层，全部仓储作业都在地面上进行。

五、入库验收

农产品的入库验收是农产品的储存业务的主要内容，另外还包括在库货物的养护和出库业务。

（一）对入库货物进行检验

一般情况下，要查清货物的名称、数量等是否与货单上记载的一致。检验货物的外包装是否良好。对无需开箱、拆捆可直接检验其质量情况的货物直接进行检验。对于具体项目的检验可根据合同约定、作业特性确定。检验的方法通常按货物的特性和仓库的习惯来确定，也可根据仓储合同约定。一般包括外观质量检验、内在质量检验和数量检验。入库验收人员在验收货物时对于发现的问题可采取以下处理办法。第一，包装破损或不完整。收货人员和货物运送人员可开箱检查，若有短少、破损，做好记录，另外存放。第二，货未到齐。同一单证上的货物没有全部运到仓库，此种情况下，收货人应按实到数在相关单证上签字。第三，数量短少。查验后到货的实际数量和单证上记载不同，再进行复验，按实际收到的数量签收，并做记录。确定责任方，将短少的情况向有关责任人通报，以求妥善处理。

（二）接收货物

经清点、查验后的货物，即可安排卸货、入库堆码，仓库收入货物。堆垛作业完毕后，收货人与送货人办理交接手续，并建账。签署单证，如送货单、交接清单，并留存相应单证。同时，承运人或送货人签署有关入库、查验、残损单证和事故报告。

储存管理中，对出入库要建立详细反映仓库货物情况的明细账，以记录货物进库、出库、结存的详细情况。交接手续办完后，就应准确地将入库货物登记入账。其主要内容包括货物的名称、规格、数量、累计数、结存数、存货人、提货人、批次、金额、注明货位号或运输工具、经办人。为了便于管理，可把储存的货物情况填到卡片上，放到相应货位的货物的明显位置。

六、在库货物的养护

（一）确定货物的存放地点

1. 严禁危险品和一般货物，毒品和食品混存，性能互有抵触，互相串味的货物不能混存。

2. 按货物的体积、重量、保管要求选择存放地点，根据不同货位的光照、通风和温度等条件，选择和货物的储存要求一致的货位，以便进行养护。

3. 便于检查，对需要经常检查的货物存放在方便的货位，避免后进的货物堵塞先进的货物，存期短的货物被存期长的货物围困，不便提取，以造成过期，影响其使用价值。

4. 为了便于进行业务操作，要留有充裕的场地，以便运用机械进行货物的搬运、堆垛、上架和卸架。

5. 要先进先出，存期短的和经常出入库的货物安排在出入方便的货位，存期长的存在离出口较远的货位。重货应离装卸区最近。

（二）实行分区分类、货位编号的管理方法

为了有序、合理的使用仓容，科学地养护，需对仓库进行分区，就是以库房、货棚、货场为单位，将货物存放的地方划分为若干个子货区，货区的命名，分别按仓库、货棚、货场的排列次序，用阿拉伯数字表示，如1号货区、2号货区、3号货区和4号货区等。

货物分类就是根据货物大类和性能等划分不同类别，分类集中保管。

储存货物的分区分类管理，就是根据各大类货物需要的养护条件和仓容的大小，选择和各大类货物相适应的货区，进行分区分类保管。

储存货物货位编号的管理方法即在分区分类和划好货位的基础上，将存放货物的场所，按储存地点和位置的排列，采用统一标记，编列顺序号码，做出明显标志，以方便仓库作业的管理方法。如果仓库利用计算机系统进行管理，也离不开这些基础性的数据。

(三) 科学堆码货物

1. 原则

(1) 尽可能接近和面向通道　接近通道便于货物的出库、入库，将货物的正面面向通道，方便查找，以提高效率。

(2) 充分利用仓容，将货物码高注意货垛要稳固，以保证货物安全。

(3) 适货适位　不同类别的货物分别存放到适宜的地点，便于查找、养护、出入库。

(4) 当货物重叠堆码时，上面堆码轻货，下面堆存重货。

2. 方法

(1) 散堆法　适用于裸装的大宗货物。如煤炭、矿石、粮食和木材等。此方法方便、简单、经济。便于采用现代化的大型机械设备，节省包装费用。但应注意防雨、排水、苦垫和通风。

(2) 货架方式　采用通用或专用的货架进行货物堆码方式。适合于存放小件、品种规格复杂、数量较少、包装简易或脆弱、易损害不便堆垛的货物。通过货架能够提高仓库的利用率，减少货物存取时的差错。

(3) 堆垛式

①直叠式　把货物整整齐齐从下向上堆垛。货物件件相叠，层层重叠，每层货物排列数量相同。

②压缝式　堆码长方形包装的货物常采用此方法。层层交叉，货物互相压缝向上堆码。

③缩脚式　先把货物基础按直叠式垫牢，然后逐级把上层货物的堆码逐渐缩小范围。

④成组堆码方式　常用的有托盘、货板和网络等。以托盘为例，即以每个托盘为一个堆码集装单位，用铲车进行作业，将载货托盘运入指定地点，逐个码高，垒成货垛。这种方式可提高仓

库利用率，实现货物的安全搬运和堆存，提高效率。

⑤通风式　货物在堆码时，每件相邻的货物之间都留有空隙，以便通风。层与层之间采用压缝式或纵横交叉式。

⑥直立式　货物保持垂直方向码放的方法，如油桶和塑料桶等。

（四）正确地使用苫垫用品

在码垛前，在预定的货位地面位置，使用衬垫材料进行铺垫。常用的有枕木、木板、帆布和芦席等，以防止货物受潮、生虫和霉变等事故的发生。

上苫，即采用专用的苫盖物品遮盖货垛，以避免和减少阳光、雨雪、风和灰尘等对货物的侵蚀。可采用活动棚苫盖法、鱼鳞式苫盖法和就垛苫盖法。

常用的苫盖材料有塑料膜、芦席、帆布、竹席和铁皮铁瓦等。苫盖时要注意选择无害、防火、防水、牢固、成本低廉的、能重复使用的材料。苫盖材料的接口要有一定宽度的相互重叠，防止积水。此外，苫盖材料要盖牢，以免被风掀开，可用重物压牢或用绳索捆绑。

（五）搞好在库货物的养护

要贯彻"以防为主，防治结合"的方针，及时采取有效的防治措施，维护在库货物绝对安全。其主要措施有以下几点：

1. 密封　是利用密封材料对库房、整垛、整箱、整件进行贴封，以隔绝外界环境的不利因素（潮湿）的影响。除防湿外，密封还有防热、防干裂、防溶化，以及防霉、防虫和防老化的作用。密封是仓库温湿度管理的基本条件，没有密封，就无法采用通风、吸湿和提温降温等调控手段。

2. 控制库房的温湿度　必须根据不同货物对温湿度的不同要求，随时掌握库房内温湿度变化情况，严格控制库房的温湿度。

（1）温度控制　货物的温度会随天气温度同步变化。货物的温度升高时，有些货物会融化、膨胀、软化、容易腐烂变质、挥发、老化。温度太低时，会变脆、冻裂、液体冻结膨胀等。对于怕热的货物应存放在仓库内阳光不能直接照射的货位。

对于那些对温度较敏感的货物，可采取一些物理降温法，如通风、洒水和冰块等措施降温。

在气温极低时的寒冷季节，可采用加温设备对货物加温防冻，但需防止火灾发生。

(2) 湿度控制　空气湿度是指空气中水蒸气含量的多少。绝对湿度是指空气中含水汽量的绝对数。相对湿度是空气中的含水汽量与相同温度空气能容纳下的最大水汽量的百分比。

应对仓库进行湿度监测。湿度太低时，应增加湿度。如采取洒水、喷水等加湿。如空气太潮湿时，可进行干燥式通风、制冷除湿，也可在库房内摆放木炭、氯化钙、生石灰和硅胶等吸湿材料。为加速吸收水汽，可配以电扇吹风，但现在广泛采用吸湿剂进行吸湿。

3. 保持仓库内外清洁卫生　仓库的清洁卫生是消除引发货物变质、残损的外部条件，要做到彻底消毒灭菌，堆塞洞隙，防虫蚁孳生，杜绝鼠患。要经常打扫、擦拭和除尘等。

4. 做好在库商品的检查工作　保管人员要经常检查库存货物的数量、品质；仓储业务部门要结合月、季盘点，进行检查。遇有高温、梅雨、台风、洪涝灾害时要进行突击性检查，做出详细的记录，发现问题，提出整改措施，由有关人员落实执行，边检查、边研究、边处理。

七、出库业务

保管人员接到提货通知时，应检查货物的有关记载资料、原始凭证，核查货物的实际状况是否和资料上反映的相一致，以避免出差错。遵循难养护保管的先出、易坏的先出、先进的先出。

出库前保管人员要整理好出库货物，扫除干净，需要更换包装的要及时更换。对于原有的包装标志不清楚、模糊的，要重贴重换。离出口较远的，要提前搬运到备货区，以方便装运。

对于前来提货的人，要认真核实身份，避免冒领、错领，收回提货凭证。保管人员和提货人员共同检验货物，点数清楚。签发出库单证，交付随货单证和资料，完成货物的交接。出库完成后，应在保管账上核销出库的货物，做到账账、账卡、账货相符。将留存的资料归入货物档案，将空出的货位标注在货位图上。

第三节 农产品运输

一、运输和运输业务

（一）运输

运输即借助运力，使货物在空间上发生较长距离的位移，实现货物从产区向销区的流通。

货物运输过程，是生产过程在流通过程中的继续，创造新的价值，要追加到货物的价值中去。

（二）运输业务

在组织货物空间转移的过程中所进行的货物发运、中转和接收等有关活动的总称。

货物运输是一个多工种的联合劳动，涉及的面很广，为了保证货运的质量，必须加强对整个运输环节的协调与管理。

二、运输业务的管理原则

（一）及时

及时是货主对运输服务在时间上的要求。运输部门应准时、快速地把货物从产地或供货地运往销地，尽量缩短货物的待运时间和在途时间，以提高企业的效益。

（二）准确

在整个货运过程中，尽最大努力做到不错不乱，手续完整、清楚，防止各种差错、事故，把货物运到目的地。

(三) 安全

确保货物在运输过程中的安全。千方百计采取适宜的措施，以预防货物腐烂、变质、货损、货差、丢失、短量和渗漏等事故的发生。确保人身、运输工具和设备的安全性。

(四) 经济

争取少花钱，多运货。选择合理的运输路线和运输方式，采用适合货物特点的运输工具，减少不必要的环节，使总体的运费控制在最低的水平，各环节、各部门有机协调，通力合作。

(五) 方便

要求做到招之即来，来则能运，运则能达，以满足产销双方的需要。

三、运输的影响因素

(一) 运费

运费是托运人选择运输方式时要重点考虑的一项因素，因为运输直接影响到货物的销售成本，若成本过高，则失去竞争优势，影响经营者的经济效益。故应综合测算不同运输工具的运费水平的高低，以决定取舍。

(二) 运输距离

运输距离即运输里程的长短，是决定运输合理与否的最基本的因素。应避免过远运输、迂回运输，选择最近的运输路线。

(三) 运输工具

不同的运输工具具有不同的特点，要根据货物的特性，结合时间、成本和经营的需要，选择合适的运输工具，最大限度地发挥运输工具的特点及优势，满足不同条件下的货运需要。

(四) 运输时间

缩短运输时间、加速货物周转速度，是提高经济效益的一个重要途径。尤其是一些鲜活易腐货物，如蔬菜、鲜花和海鲜等，要采用快捷的运输方式，迅速实现从货物生产领域向消费领域的转移。

(五)运输环节

尽量减少不必要的中间环节,开展直达直线运输。

四、选择合理的运输路线

在综合考虑以上各方面的因素后,结合自身的情况,选择距离近、速度快、费用低和环节少的运输路线。在几个方面不能兼顾的情况下,分出轻重、缓急,优先考虑重要方面。权衡利弊,做出选择。

五、运输工具的选择

(一)合理选择运输工具

运输工具要根据不同农产品的特点,不同运程,不同地区的地理与交通条件,按照农产品的数量及其价值的大小、性质特点、运输远近以及市场需求缓急,合理选择使用。

(二)提高运输工具的使用效能

在合理选择运输工具的同时,要积极有效地提高运输工具的使用效能,用同样的运费,装运更多的农产品,节约运力。通常提高运输工具使用效能的方法有以下3种:

1. 提高技术装载量　农产品在车船上配装、积载、堆码的方法和技巧,称为农产品装载技术。运用农产品装载技术,在各种运输工具上所装载的农产品数量,称为技术装载量。提高车船技术装载量常用的方法有:第一,组织轻重配装;第二,货物解体装载,在不影响农产品质量的前提下,可将农产品拆解成几个部分,分别包装,然后装运;第三,改进堆码方法。在运输工具上堆码农产品,一要重视采用机械捆包,压缩农产品体积;二要重视农产品包装标准化,以便利堆码;三要重视改变农产品包装形态,以减少包装间的空隙。

2. 加速车船运转　要逐步实现装卸机械化,改进装卸技术和方法,做到快装快卸,提高装卸工作效率,加速车船运转。

3. 开展捎脚运输。

六、选择合理的运输方式

（一）运输方式

运输方式包括铁路运输、公路运输、航空运输、海洋运输、内河运输、邮政运输和国际多式运输。

国际多式运输 在集装箱运输的基础上产生和发展起来的一种综合性的连贯运输方式。它一般是以集装箱为媒介，把各种单一的运输方式有机地结合起来，组成一种国际性的连贯运输。

（二）直线直达运输

直线直达运输是将货物从生产单位直接运到销售单位，选择最短捷的运输路线，使货物运输直线化。

（三）四就直拨运输

四就直拨运输是指就工厂直拨、就车站码头直拨、就仓库直拨、就车船过载直拨。其特点是货物直接从工厂、仓库、车站码头和车船上过载，发往消费地点。实行四就直拨运输，可以越过仓库环节，避免市内重复运输，降低货物损耗和节约流通费用。

（四）合理整车运输

合理整车运输是指将几个货主的不同种货物，配装在一个车厢或一个集装箱内，以整车运输方式，托运到目的地。或者把同一方向，不同到站的零担商品，集中配装在一个车厢内，以整车运输方式，托运到一个适当地点，再中转分运，采用此种方式可以节约运输费用。

（五）多式联运

多式联运指以至少 2 种不同的运输方式，由多式运输经营人将货物从一国境内接管货的地点运至另一国境内指定交付货物的地点的一种运输方式。

练习题

1. 农产品的保管方法有哪些？
2. 储存业务管理的任务有哪些？
3. 怎样搞好在库农产品的养护？

4. 农产品储存期间易产生的损失有哪些？
5. 怎样进行农产品的入库验收？
6. 如何确定货物的存放地点？
7. 货物储存的堆码方法有哪些？
8. 怎样办理出库业务？
9. 农产品运输业务的管理原则是什么？
10. 影响运输的因素有哪些？
11. 怎样选择合理的运输路线？